企→业→日→常→管↓理←系←列←丛←书

客户服务常见问题清单

陈志权
编著

U0889800

地震出版社
Seismological Press

图书在版编目（CIP）数据

客户服务常见问题清单 / 陈志权编著 . -- 北京 : 地震出版社 , 2021.8
（企业日常管理系列丛书 / 陈明星主编）
ISBN 978-7-5028-5239-9

Ⅰ . ①客… Ⅱ . ①陈… Ⅲ . ①企业管理—销售管理—商业服务 Ⅳ . ① F274

中国版本图书馆 CIP 数据核字 (2021) 第 102181 号

地震版　XM4555/F（6111）

客户服务常见问题清单

陈志权　编著
特约编辑：段会敏　石　秀
责任编辑：张　平
责任校对：凌　樱

出版发行：地震出版社
北京市海淀区民族大学南路 9 号　　邮编：100081
发行部：68423031　68467991　　传真：88421706
总编室：68462709　68423029
证券图书事业部：68426052
http：//seismologicalpress. com
E-mail：zqbj68426052@ 163. com
经销：全国各地新华书店
印刷：北京柯蓝博泰印务有限公司

版（印）次：2021 年 8 月第 1 版　2021 年 8 月第 1 次印刷
开本：710 × 960　1/16
字数：163 千字
印张：9.25
书号：ISBN 978-7-5028-5239-9
定价：39.80 元
版权所有　翻印必究
（图书出现印装问题，本社负责调换）

编辑委员会

主编：陈明星

编委：邓之梅　刘中洋　俞　挺　曾贤锋
许　强　朱慧俐　郭汉尧　陈志权
陈竹妹　邱志洋　沈　杰　邱翠萍
杜　猛　杨莎莎　徐小花　颜　阳
余棉红　邓孜青

前　言

PREFACE

常言道："不想当将军的士兵不是好士兵！"每个人都应该有自己的职业追求，将自己锻炼成为一名出色的职场精英。有了目标，工作起来才有劲头，才会让自己获得长足的发展。

工作就是在解决问题，解决问题的水平体现了一个人工作能力的高与低。如何在日常工作中，通过解决每个实际问题而不断提升自己的工作能力，是每个人晋升和自身发展亟待解决的问题！为此，我们特别编写了"企业日常管理系列丛书"。

该丛书包括：《财务工作常见问题清单》《采购管理常见问题清单》《仓储管理常见问题清单》《新产品运营管理常见问题清单》《供应链管理常见问题清单》《行政工作常见问题清单》《绩效管理常见问题清单》《客户服务常见问题清单》《企业资本运营常见问题清单》《人力资源工作常见问题清单》《商品配送管理常见问题清单》《生产管理常见问题清单》《物流服务常见问题清单》《销售团队管理常见问题清单》《促销管理常见问题清单》《项目运营常见问题清单》《国际贸易管理常见问题清单》《大客户销售常见问题清单》，共18本，对日常工作常见问题和容易忽略的细节问题进行了梳理，并在整体上架构了不同职位人士的日常工作模型，让每一项工作一目了然，细节无遗漏，工作不失误。读者可以根据自己所需即查即用，轻松解决工作问题。

本丛书有如下特点。

第一，能帮助读者重新梳理自己的工作问题，让工作脉络更加清晰。

第二，能帮助读者加深对每项工作的理解，书中既有针对工作问题的规范性操作，也有经验性的总结，两者的完美结合对工作问题的解决可起到事半功倍的作用。

第三，每项工作都设有工作场景描述，读者可以根据工作需要，即查即用，不致在漫天的文字中间寻找答案，非常实用、方便。

第四，能帮助读者养成总结工作经验的习惯。

第五，引导读者形成“问题导向”的工作意识，从此进入自我提升的快车道。

本丛书认真选取了当下企业中的热点职位及重点部门，从日常工作的实际问题出发，针对每个工作问题进行了思路拓展性解读与分析，给出了经验性的总结阐述，可改善从业者的当前工作局面，为从业者搭建起提升工作能力的可靠阶梯，也为相关专业工作人员全面提升业务水平提供了可借鉴的方法。

客户服务工作是连接企业与客户的纽带。客服人员是产品经理的助手，是品质经理的市场信息搜集员，是市场经理营销思路的素材提供者等。客户服务工作关系到企业发展的方方面面，客户服务水平关系到消费者对企业的忠诚度、美誉度。

本书倡导“客户服务工作清单式管理”，全方位梳理客户服务工作中的常见问题，嵌入“问题导向”的思维意识，重新梳理每一项客户服务工作，采用操作指导与工作经验提示相结合的表达方式，全面阐述客户服务工作的关键点。

这是一本介绍客户服务工作“问题导向”思维方法的书。读者朋友可以对照客户服务工作中的常见问题，即查即用。

本丛书在编写过程中，得到了相关从业者及工作伙伴的大力支持和配合，在此一并表示感谢！

目录

CONTENTS

第1章 客户信息搜集与处理常见问题

第2章 客户服务人员培训与管理常见问题

第3章 客户个性化服务常见问题

第4章 客户沟通常见问题

第1章

客户信息搜集与处理常见问题

在企业一切生产经营活动以客户为中心的市场营销时代，在每个企业都在追求为目标客户创造美好体验为营销新标准的形势下，如何让客户达成这样的体验，进而拓展市场和产品营销思路呢？想要达成这样的工作目标，最重要的基础工作就是对目标客户的信息搜集与相关信息的深入了解、分析和处理。

1.1　如何通过服务来提高市场竞争力

工作场景描述

当为赢得客户认可使尽浑身解数，但仍收效甚微时，可查看。

解读与分析

价格是影响客户购买决策的重要因素，但不是唯一因素。客户在追求商品物美价廉的同时，也很注重其他因素，例如服务。企业要想让客户购买产品，需要采取以下做法。

1.提供情感服务

企业只有用优质的情感服务来接待每一位客户，才能使客户以更大的热情购买更多的商品来回报企业，企业与客户的关系才能步入良性循环的轨道。

企业在为客户服务的过程中，不仅要想客户所想，体察客户的心理，当好客户的参谋，为客户解决各种难题，还要提供高品位的情感服务，使客户感受到服务的温暖。

2.牢记“客户永远是对的”这句话

在客户服务过程中，企业是服务者，客户是被服务者。服务者为被服务者提供服务时，应该充分尊重被服务者的需要和意志，不应该挑剔个别客户的不当言行，更不能因为个别客户的不当言行影响到对全体客户的看法。

3.尊重客户权利

客户是企业的重要资产之一，企业要想在竞争中取胜，必须尊重客户的权利，把保障客户在接受服务时应享有的安全权、知情权、选择权、公平权、受尊重权和监督权等权利作为自己的天职，认真履行义务。企业应该根据客户的需要决定经营方向，制订经营战略，企业各部门的工作都应围绕“使客户满意”这个目标而展开，以使服务质量全面提高。

4.把服务问题提高到企业战略高度来认识

服务理念决定着企业的服务面貌。在现代客户服务理念的指导下，企业应把服务问题提高到战略高度来认识，在服务上不断追求高目标，提升服务品位，创造服务特色，尽可能拉近与客户的距离，加强与客户的联系。

5.正确处理服务与经营的关系

企业应改变“重经营，轻服务”的片面做法，形成经营与服务互相促进、一体化发展的良性循环的运行机制。企业所追求的目标不能只限于利润、营业额及市场份额的增加，还要考虑怎样为客户创造价值。

企业提高市场竞争力的核心是提高服务水平，只有把客户放在第一位，时刻为客户着想，才能真正吸引客户。

关键点提示

要想通过服务来提高市场竞争力，企业应做到：

1.提供情感服务；

2.牢记“客户永远是对的”这句话；

3.尊重客户权利；

4.把服务问题提高到企业战略高度来认识；

5.正确处理服务与经营的关系。

1.2 如何了解客户的需求

工作场景描述

当要了解客户真正所需时，可查看。

解读与分析

客户的需求是千差万别的，企业不了解客户的需求，就无法提供有效的服务。企业通过如下办法，可以了解客户的需求。

1.运用各种提问来了解客户的信息

要想了解客户的需求，提问题是最好的方式。通过提问，企业可以准确而有效地了解客户的真正需求，为客户提供他们所需要的服务。一般来说，可以提以下七种问题。

（1）直截了当式问题。单刀直入、观点明确的提问能使客户详述企业所不知道的情况。“您打开电脑时，发生了什么情况？”等常常是为客户服务时最先问的问题，提这个问题可以帮助客户服务人员获得更多的细节性信息。

（2）封闭式问题。封闭式的问题即让客户回答“是”或“否”，目的是确认某种事实，了解客户的观点、意图等。问这种问题可以更快地发现问题，找出问题的症结所在。例如“小姐，当电脑出问题时，它是开着还是关着的？”这个问题是让客户回答“开着”或“关着”。如果没有得到有价值的回答，客户服务人员还应该继续提问，确认问题所在。

（3）了解对方身份的问题。在与客户刚开始谈话时，客户服务人员可以问一些了解客户身份的问题，例如对方姓名、账号和电话号码等，目的是获得解决问题所需要的信息。

（4）描述性问题。让客户描述情况，谈谈他的观点，这有利于了解客户的兴趣和问题所在。

（5）澄清性问题。在适当的时候询问，澄清客户所说的问题，可以了解客户的需求。

（6）有明确选项的问题。例如要问客户对客户服务人员所提供的服务是否满意，这有助于提醒客户再次惠顾。

（7）询问其他要求的问题。与客户交流的最后，客户服务人员应问他还需要哪些服务，例如“先生，还有没有其他我们能为您做的？”。主动询问客户的其他要求，客户会更容易记住客户服务人员和所属企业。

2.通过倾听客户回答来分析需求

客户服务人员在与客户沟通时，必须集中精力，认真倾听客户的回答，站在对方的角度尽力去理解对方所说的内容，了解对方在想些什么、对方的需要是什么，要尽可能多地了解对方的情况，以便为客户提供满意的服务。

3.通过观察客户的非语言行为来了解客户需求

如果希望说服客户，客户服务人员就必须了解他们当前的需要，然后着重从客户的需要出发，晓之以理，动之以情。在与客户沟通的过程中，客户服务人员可以通过观察客户的非语言行为了解他们的想法。

总而言之，通过适当地问问题，认真倾听，以及观察客户的非语言行为，客户服务人员可以了解客户的需求和想法，更好地为他们服务。

关键点提示

了解客户需求的方法：

1.运用各种提问来了解客户信息；

2.通过倾听客户回答来分析需求；

3.通过观察客户的非语言行为来了解客户需求。

1.3 如何收集客户的信息

工作场景描述

当想要收集客户信息时，可查看。

解读与分析

客户信息对于企业的客户服务工作起着至关重要的作用。客户信息收集的方法主要有以下几种。

1.观察法

观察法是调查人员直接或通过仪器在现场观察被调查对象的行为并加以记录而获取信息的一种方法。观察法又可分为：直接观察法、亲身经历法、痕迹观察法和行为记录法。

2.询问法

询问法是把调研人员事先拟定的调查项目或问题以某种方式向被调查对象提出，要求给予回答，由此获得信息资料的方法。询问法又可分为：面谈法、电话调查法、邮寄调查法和调查问卷法。

3.实验法

实验法是指在可控制的条件下，对所研究对象的一个或多个因素进行控制，以测定这些因素间关系的方法。在因果性的调研中，实验法是一种非常重要的方法。实验法源于自然科学中的实验求证方式，它通过小规模的实验，记录事物的发展和结果，收集和分析第一手信息资料。一般来说，实验法要求调查人员事先将实验对象分组，然后置于一种特殊安排的环境中，进行有控制的观察。

4.头脑风暴法

头脑风暴法又称集体思考法或智力激励法，即通过讨论的方式取得全面完整的信息。这种方法的依据是：社会中的某个具体个人总免不了要受知识、环境、经历和思维方式等诸多因素的限制，即使学识水平很高的人也难免有某些知识或经验方面的缺陷，因此，集体思考、集体智慧是防止片面、防止遗漏的重要手段，是决策民主化、科学化的保证。

5.德尔菲法

德尔菲法也称专家调查法。它用背对背的判断来代替面对面的会议，即采用函询的方式，依靠调查机构反复征求每个专家的意见，经过客观分析和多次筛选，使各种不同意见逐步趋向一致。因此，这种方法在一定程度上克服了人们畏惧权威及不愿听到不同意见等等弊端，使专家能够自由、独立、充分地发表意见，最后取得较为客观实际的调查结果。

总之，客户信息收集的方法很多，在具体运用的时候，要根据实际情况灵活运用，必要时，也可以把不同的方法结合在一起综合使用。

关键点提示

客户信息收集的方法主要有：

1.观察法；

关键点提示

2.询问法；

3.实验法；

4.头脑风暴法；

5.德尔菲法。

1.4 如何收集客户的详细资料

工作场景描述

当为了细分客户而进行资料收集时，可查看。

解读与分析

传统上对客户的宏观分类在现代社会已经不能适应企业信息化建设的形势了。在客户需求个性化的时代里，企业需要对客户进行细分。为此，企业需要收集客户的详细资料，建立以客户为中心的数据库。搜集客户资料的方法主要如下。

1.留意客户的重要资料，将记录发展为一个记录系统

客户服务人员对于自己的重要客户要留心观察，专门准备一个本子，随时记录客户的个人资料，资料要尽可能详细。当资料积累到一定程度后，客户服务人员要及时把它发展为一个记录系统，从中分析出客户的需要和喜好，以及客户愿意与之共享的其他资讯。这套系统中既包括基本资料，供客户服务人员与客户联系，也包括特别资料，如客户的偏好，有助于客户服务人员为客户提供贴心服务。记录系统可以采用笔记簿的形式，也可以采用电脑文档或一张一张的卡片的形式。每位客户要分页记录，以便以后查找。

2.挖掘客户购买时留下的信息

在客户购买产品的时候，客户服务人员应对客户进行有意识的仔细观察，包括客户

挑选商品时的表情，购买的时间和次数等。客户走后，客户服务人员要对这些信息进行分析，找出客户的购买喜好、消费能力等具有规律性的情况。

3.和客户聊家常

在客户购买产品的时候，客户服务人员可针对客户的年龄和性别等，抛出一个话题，引发客户说话的兴趣，然后顺势和客户聊家常。要让客户感到自然、亲切、友好，使其在不经意间透露自己的各方面情况。

4.主动询问客户，表示关怀

面对比较热情、开朗的客户时，客户服务人员可主动了解他们的有关情况，例如姓名、住址、喜好和家庭情况，询问他们最近有什么样的需求，对购买的产品有什么意见等。客户服务人员在询问的时候，要表现出对客户的热情与关怀。主动询问时一定要注意对象，态度要真诚，避免引起客户的警惕、反感。

5.方便的时候让客户自己动手填写卡片

客户服务人员可设计一些有关客户个人资料的卡片，在客户愿意的前提下，让客户自己填写。要对客户说清楚，填写卡片的目的是更好地为他提供个性化服务，争取客户的理解和支持。

客户服务人员在开展实际业务活动时，要留心观察，勤动手记录，勤开口说话，通过各种合适的途径掌握客户的有关信息。只有掌握了客户的信息，客户服务人员才能对客户进行有效而准确的分类，为其提供有针对性的服务。

关键点提示

收集客户资料的方法有：

1.留意客户的重要资料，将记录发展为一个记录系统；

2.挖掘客户购买时留下的信息；

3.和客户聊家常；

4.主动询问客户，表示关怀；

5.方便的时候让客户自己动手填写卡片。

1.5 如何制作客户资料信息卡

工作场景描述

当需要对客户资料进行分类整理时，可查看。

解读与分析

资料收集结束以后，企业需要对这些有用的资料信息进行分类、整理，并制作一系列资料信息卡，以备查用。企业一般应制作以下三种资料信息卡。

1.客户资料卡

客户资料卡，或者叫客户管理卡，即记录客户信息的卡片，卡片上的信息包括客户名称、地址、负责人、主要经营项目、销售收入额、资本额以及与本企业业务往来情况等。客户资料卡是记录客户信息资料最主要的方式。通过记录这些资料，客户服务人员在工作中可及时查找客户信息。

2.客户等级分类表

在客户服务过程中，客服人员还需要做一个客户等级分类表。根据相应情况，客户分成几个等级，例如把客户分成重要的、一般的和不重要的。当然，客户没有好坏之分，这样做的目的是区分不同的客户，以便提供针对性的服务。

3.客户投诉记录表

企业要想做好售后服务管理工作，不能缺少客户投诉管理。客户的投诉是促使企业进步的机会，获知并解决客户投诉的问题，对于企业的长期发展来说至关重要，因此，企业应建立客户投诉系统，对每一位客户的投诉及处理情况都要做详细记录，包括投诉的内容、处理过程、结果和客户满意度等。

这样做的目的是全面收集、统计和分析客户的意见，不断改进客户投诉处理办法。客户服务人员应将获得的信息整理后传达给其他部门，以便及时总结经验教训，为将来更好地处理客户投诉提供参考，同时可以使企业更快地提高产品质量和客户服务质量，减少客户投诉。

关键点提示

客户资料信息卡一般包括：

1.客户资料卡；

2.客户等级分类表；

3.客户投诉记录表。

1.6　如何架设企业与客户之间的桥梁

工作场景描述

当想要加强同客户的联系时，可查看。

解读与分析

客户是企业的衣食父母，企业要加强同他们的联系，加深相互之间的感情。为了和客户拉近距离，增进双方的感情，需要在企业与客户之间架设一座桥梁。为此，企业客户服务人员必须做到以下几点。

1.热情周到的服务

热情周到是架设通向客户桥梁的第一步。客户服务人员一个冷漠的表情，一个善解人意的微笑，一个粗鲁的动作，一句热情的话语，客户都会感受得到；一个小小的努力，一个小小的失误，都会产生难以想象的后果。

2.追求完美服务

企业应该追求完美的服务，虽然在现实中任何一家企业都不可能做到，但至少应该有这种理念和追求。如果客户来到一家饭店，发现饭菜的质量很好而服务质量很差，他就会感到不满意。只有饭菜质量和服务质量两个方面都达到一流水平，才能赢得一流饭店的美誉。

3.记住客户名字

每次为客户服务时，频频称呼他们的名字能加深客户服务人员与客户之间的感情。听到称呼自己的名字，客户心中能产生受到尊重的良好感觉。

4.最大限度地利用自决权

在争取客户的竞争中失败的人，往往输在把时间花在了“哪些事不准做”上，而成功者则不停地探索服务客户的最大权限。只要能服务客户，任何不违背法律、法规和公序良俗的事都可以做。

5.提供超出客户预期的服务

客户都希望用他们的钱买到质价相符的商品，得到热情周到的服务。如果能提供超出客户期望的商品或服务，客户一定会百分之百满意。

6.争取常客

常客是无价之宝，企业应该像珍爱财富那样爱惜他们，精心保护他们不被对手抢走。常客是最有价值的，他们出于信任，每次光顾都会多消费，买贵重商品的可能性也较大。客户服务人员不应该在意常客一次花多少钱，而应该考虑他们可以持续给企业带来的收益。

7.避免过度服务

任何事情都有一个“度”，超过了这个“度”，便走向了事物的反面。提供服务同样如此，要适度，不宜过度。客户服务人员要想提供适度的服务，关键是要树立“以人为本”的观念，增强对客户的责任感，从细微之处来完善服务，提高服务质量，以此增强对客户的吸引力。过度服务则往往给人以强人所难的感觉，使客户勉为其难或无所适从，自然服务的效果会大打折扣。

总之，在企业与客户之间建立一个联系的桥梁非常重要，它能真正地体现企业对客户的关心，从而为企业带来巨大的利润。

关键点提示

架设联系客户的桥梁时要做到：

1.热情周到的服务；

2.追求完美服务；

3.记住客户名字；

4.最大限度地利用自决权；

5.提供超出客户预期的服务；

6.争取常客；

7.避免过度服务。

1.7　如何确定服务的目标市场

工作场景描述

当想要降低企业服务成本和风险，使资源获得有效利用时，可查看。

解读与分析

市场细分的目的是确定企业所要进入的目标市场，然而，企业究竟如何进入该市场，还需要对市场上的竞争状况做进一步的分析，以确定企业自身所处的市场位置。这一过程就是市场定位。客户服务人员需大致了解企业市场定位的策略和如何选择定位策略。

1.市场定位的策略

市场定位的目的是让客户感知本企业和竞争对手的差别，使产品或服务在客户心目中得到定位。企业管理人员可以从以下六个方面考虑企业的市场定位。

（1）根据产品或服务的属性、特色、消费价值定位。

（2）根据价格和质量定位。

（3）根据使用目的和使用范围定位。

（4）根据使用者或使用者类别定位。

（5）根据产品或服务的类别定位。

（6）与竞争对手针锋相对，确定本企业的定位。

2.选择定位策略

市场上存在多种使企业成为领先者的差异化途径，企业可根据市场、自身、竞争者的实际情况加以选择。

确定定位策略之前，企业应该考虑以下问题。

（1）哪一种定位策略最能体现企业的差异化优势？

（2）哪一种定位策略为主要竞争对手所使用？

（3）哪些定位策略对细分目标市场最有价值？

（4）哪些定位策略充斥着众多竞争者？

（5）哪些定位策略目前竞争尚不激烈？

（6）哪些定位策略最适合本企业的产品和产品定位策略？

只有确定好自己的市场定位，企业才能准确地找到自己的服务目标，使有限的资源得到最大限度的发挥。

关键点提示

企业可采用的市场定位策略有：

1.根据产品或服务的属性、特色、消费价值定位；

2.根据价格和质量定位；

3.根据使用目的和使用范围定位；

4.根据使用者或使用者类别定位；

5.根据产品或服务的类别定位；

6.与竞争对手针锋相对，确定本企业的定位。

1.8　如何根据企业与客户的关系对客户进行分类

工作场景描述

当想要认识自己客户的特点时，可查看。

解读与分析

客户的购买目的并不一样，因而与企业的关系不尽相同，这一点可以作为对客户进行分类的依据。根据客户与企业的关系，客户可做如下分类。

1.一般零售消费者客户

这类客户指的是企业产品或服务的零售消费者，绝大多数情况下是个人或家庭，主要购买企业的最终产品或服务，用于日常生活。所以，其需求比较稳定，购买的波动性也不大。这样的消费者客户是广大民众，数量特别大，特点是购买比较稳定，但是消费额一般不高。面向这类客户的产品或服务的利润总额虽较大，但利润率不高。任何一家企业都不敢放弃这类客户，因为其是企业稳定销售的基础，企业依靠这类客户可以维持最起码的生存。为了稳定这类客户，企业往往要花费巨大的精力。

2.企业对企业的商业型客户（即B2B型客户）

这类客户不像第一类客户，他们购买企业的产品或服务不是为了自己消费，产品或服务在他们手里转一圈后还要卖出去，他们是中间人，但产品或服务通过他们实现了增值。在他们的企业里面，他们对产品或服务进行深加工，或者附加或服务各种使用功能，使其价值更大。所以，他们购买企业的产品或服务，是为自己的产品或服务做一个铺垫，附加到自己的产品或服务之上，目的是赚取中间的利润。对于这类客户，企业须小心应付，他们要求产品或服务质量高、价格低，因为他们不像一般消费者，往往在某一方面拥有专长。

3.充当企业和终端客户之间桥梁的分销商和代销商

这类客户也不是终端消费者，他们购买企业产品或服务的目的是进行再销售，赚取中间的差价。他们一般分布在全国各地的市场中，是企业的代销点，负责该企业产品或服务在某一地区的销售。分销商和代销商不属于某一家企业，他们和企业只有利益上的关系，企业也不为他们支付工资。为了赚取更多的利润，分销商和代销商都要求企业以比较低的价格卖给他们产品，并且要求供货渠道通畅，厂家售后服务良好。

4.企业内部客户

这类客户隶属企业，但经济上是自己独立核算、自负盈亏的，往往是企业内部的个人或业务部门。这类客户也不是终端消费者，其把企业的产品或服务作为一种手段，利用它们来达到自己的商业目的，人们一般容易忽略这类客户。

这种按照企业与客户的关系对客户进行分类的方法，可以帮助企业充分认识自己客户的特点，从而对不同的客户采取不同的策略，最大限度地实现资源优化和有效的管理运营。

关键点提示

根据企业与客户的关系划分的客户类型有：

1.一般零售消费者客户；

2.企业对企业的商业型客户（即B2B型客户）；

3.充当企业和终端客户之间桥梁的分销商和代销商；

4.企业内部客户。

1.9 如何分析客户对于企业的价值

工作场景描述

当要确定适宜实施客户关系管理的客户时，可查看。

解读与分析

不同的客户对企业的价值不一样，在实施客户关系管理之前，企业要对客户进行价值分析。进行分析时，企业应注意以下几点。

（1）寻找每一类客户的行为特征、需求价值取向和成本收益，这是企业进行营销决策的重要依据。

（2）寻找能够给企业带来10%~20%销售额的客户，这是客户关系管理的首要目标。

（3）寻找占企业销售额40%~50%的客户，他们应是企业花费时间和精力最多的重点客户。这部分客户是企业进行稳定销售的基础。

（4）弄清楚某些客户逐渐失去价值的真正原因，这些客户也曾经给企业带来过利润，但后来任凭企业怎样努力，都无法恢复客户原有价值。对这部分客户，企业只要做到最低程度的维护即可。

对客户进行价值分析可以很有成效地帮助企业管理者进行决策。企业应该妥善地处理客户背离给企业带来的负面影响，从而成功地实现客户关系管理效用、价值的最大化。

企业在分析客户时要慎重考虑维护每位客户的成本究竟是多少，是否值得挽留。

关键点提示

分析客户对于企业价值时，企业需注意：

1.寻找每一类客户的行为特征、需求价值取向和成本收益；

2.寻找能够给企业带来10%~20%销售额的客户；

3.寻找占企业销售额40%~50%的客户；

4.弄清楚某些客户逐渐失去价值的真正原因。

1.10 如何对客户信息进行差异化分析

工作场景描述

当想要准确地把握合适客户和关键客户时，可查看。

解读与分析

为了进行客户关系管理，在收集了客户信息以后，企业就必须对其进行分析，这是客户信息管理的核心。对客户进行信息分析时要寻找其共同点，进行差异化分析，这可以帮助企业找准发展方向。差异化分析的方法很多，RFMD模型就是其中重要的一种。

1.R：Recent（客户近况）

在收集、整理和分析客户信息时，客户的原始资料是非常重要的。对客户最近一次购买情况的信息进行收集和跟踪，分析客户在沟通之后持续购买的概率，可以了解客户对企业所提供的即时产品与服务是否有所反应。企业与客户之间要建立长期的信息关系，而不仅仅是买卖关系。

2.F：Frequent（购买频率）

购买频率即在测试期间的购买次数。高消费频率意味着更大的市场感召力，如果将该信息与最近一次购买情况和花费金额相参照，企业就能够准确地判断出一定区域和时期内的合适客户和关键客户，从而使企业的营销策略更有针对性。

3.M：Monetary（消费金额）

消费金额能够为企业提供一定时期内的需求量信息，如果将该信息与其他信息相参照，企业就可以准确地预测一定区域和时期内的销售量、市场占有率等信息，从消费金额中确定哪些人花费了高金额，原因是什么，为供应链上的企业生产、采购和制订企划方案等环节提供准确情报。

4.D：Demographic and Lifestyle Append（人口统计资料和生活方式）

这一信息是对前三种信息的补充，它为企业提供了一定区域内的人文环境信息，即制订客户营销方案时所应依据的人文信息。

企业使用RFMD模型对客户的信息进行差异化分析，可以识别出哪些客户是一般客户，哪些是合适客户，哪些是关键客户，然后有针对性地提供服务，从而使企业价值目标和客户价值目标相协调。

关键点提示

差异化分析可以从以下几点着手：

1.R：Recent（客户近况）；

2.F：Frequent（购买频率）；

3.M：Monetary（消费金额）；

4.D：Demographic and Lifestyle Append（人口统计资料和生活方式）。

1.11　如何发现最具价值的客户

工作场景描述

当要按照客户价值对其进行划分时，可查看。

解读与分析

不同的客户对企业的价值不一样，在实施客户关系管理之前，企业要对客户进行价值分析。按照对企业的价值不同，客户可以分为以下四种。

1.价值最大的客户

任何一家企业都有对自己贡献最大的客户，通常称之为VIP客户。这类客户的数量不可能很多，占企业客户总数的比例很小。一般地，企业会将客户总数的1%划分为VIP客户，如果一家企业的客户总数为10 000位，那么VIP客户大概只有100位，然而他们的购买能力强，购买金额在企业的销售额中所占比例最大，为企业贡献的价值也最大。如果把企业的客户构成比作一座金字塔，他们位于金字塔的最顶层。企业对这类客户要采取特殊的服务政策，把他们视为贵宾，使其享有企业最优质的服务。

2.能够为企业提供较高利润的主要客户

VIP客户虽然对企业的贡献大，但数量少，企业不可能把所有的精力都放在他们身上。仅次于VIP客户的是能够为企业带来较高利润的主要客户，他们的消费金额所占比例较大，能够为企业提供较高利润。确定这类客户的方法是：企业总客户中花钱最多的5%的客户，扣除VIP客户，剩下的就是主要客户。如果企业的客户总数为10 000位，主要客户就是花钱最多的500位客户中，扣除100位VIP客户以后剩余的400位。主要客户数目比较大，对企业的价值贡献率较高。企业要把重点放在主要客户身上，倾听他们的意见，研究他们的需求，以便紧紧地抓住他们。

3.消费额一般的普通客户

这类客户数目相对较多，他们的消费额占企业销售额的比例一般，能够为企业提供一定的利润。确定这类客户的方法是：企业总客户中花钱最多的20%的客户，扣除前两类客户以后，剩下的客户就是普通客户。如果客户总数为10 000位，普通客户就有1 500位。不过，不同企业确定的普通客户的比例不一样，这要根据行业特点、销售时期来具体地确定，一般其所占比例为15%~30%。对于普通客户，企业也不能懈怠，要精心研究他们，培养他们。

4.数量最大，但价值最小的小客户

这类客户是企业产品最广泛的消费者，他们离不开企业的产品，但消费额小。人数众多和盈利率小是这类客户的两个最重要的特点。企业经营稍有闪失，小客户就会使企业亏本。小客户位于金字塔的最底层。除了上面的三类客户以外，企业总客户中剩下的约80%都是小客户。如总客户有10 000位，则小客户有8 000位左右。对于这类客户，企业没有必要花费过多的精力，只需要进行简单的维护。

根据客户的价值进行分类，企业就能找到最为宝贵的客户资源，即VIP客户与主要客户，他们是最具有价值的客户，是企业营销的重点对象，企业要加强对他们需求的研究，提高对他们服务的质量。

关键点提示

客户按价值分类时主要有：

1.价值最大的客户；

2.能够为企业提供较高利润的主要客户；

3.消费额一般的普通客户；

4.数量最大，但价值最小的小客户。

1.12　面对价值不等的客户，企业该怎么办

工作场景描述

当想要针对不同的客户采取不同的态度时，可查看。

解读与分析

客户对企业的价值不一样，企业没有必要对他们采取一样的态度。面对价值不等的客户，企业应采取不同的对策。

1.对最有价值的客户应采取屈从取悦的态度

最有价值的客户可创造大部分企业利润。企业要把他们当成“上帝”来看待，采取屈从取悦的态度，不应有丝毫的懈怠和疏忽。企业应主动通过各种方式，了解甚至预测他们的需求，设法满足他们的一切需求，培养这部分客户对于自己产品的特殊兴趣，赢得他们的信任，不让他们轻易地失去对企业的忠诚。为了维护他们对企业的忠诚，企业应尽力与他们建立一种稳定的相互信任的关系。企业在开发新产品的时候，无论是在设计上还是在价格上，都要听取他们的意见，以满足他们的需求。企业要记住：对有价值客户需求的满足是获得客户忠诚的首要前提。

2.对主要客户应采取关怀重视的态度

对于主要客户，企业不能像对待前一类客户那样，要把主动权掌握在自己的手里。企业不能一味地屈从，而要及时地转变为关怀重视的态度。企业应定期拜访他们，倾听他们对于企业产品的意见，询问他们对于产品的要求。对于他们的需求动态，企业要随时掌握，在设计新产品的时候，要适当体现出他们的要求，以表现出企业对他们的关怀和重视，使他们有一种被尊重的感觉，以此来赢得他们的满意和忠诚。

3.对无忠诚对象的客户应采取随机适应的态度

有些客户（主要是价格型客户）购买商品的时候，很少去问是哪一个厂家生产的，谁的价格低，就购买谁的，产品的质量等暂时还不在他们考虑的范围之内。所以，他们谈不上对企业忠诚。对于他们，企业的产品只要具备基本的性能，满足他们的某些需求，就足够了，企业没有必要为他们花费时间和精力，考虑他们的需求、兴趣等。

4.对自私自利型客户应采取冷漠抛弃的态度

有一些客户思想境界较低，在处理与企业的关系时表现得过于自私自利。他们要求企业不顾一切地来满足自己不正当的要求，根本不考虑企业的利益和以后的发展。他们甚至认为企业剥削了自己，希望企业亏本破产。对于这类客户，企业没有必要去理睬他们，对他们可以采取冷漠的态度，必要的时候，要毫不犹豫地抛弃他们。

因此，针对不同的客户，企业要提供有针对性的产品和服务，以便取悦重要的客户，盯住最有价值的客户群。

关键点提示

企业面对价值不等的客户应采取的态度有：

1.对最有价值的客户应采取屈从取悦的态度；

2.对主要客户应采取关怀重视的态度；

3.对无忠诚对象的客户应采取随机适应的态度；

4.对自私自利型客户应采取冷漠抛弃的态度。

1.13　企业在确定客户满意度系统的定义前应做什么

工作场景描述

当要确立客户满意度系统的定义时，可查看。

解读与分析

客户满意度是一个系统，企业要想对客户满意度进行研究，必须先进行客户满意度系统的定义工作。要想完成这项工作，企业需要从以下两个方面展开行动。

1.企业要确定客户满意度系统要达成的目标

客户满意度是指客户将他们对一种产品或服务的可感知的效果与他们的期望值进行比较后，所形成的满意或失望的感觉状态。设立客户满意度系统是为了了解客户对企业的满意状况，所以在设立客户满意度系统的时候，企业首先要考虑系统所要达成的目标，以便对后面的工作起指引作用。为此，系统要达成以下目标。

（1）确定影响满意度的关键因素。影响客户满意度的因素很多，我们不可能全部考虑到，只能挑出其中最重要的因素进行分析。

（2）测定当前的客户满意度。设立客户满意度系统是为了提高客户对企业的满意度，企业至少要知道客户目前对自己的满意度如何，做到心中有数，这样才能更好地确定以后需要改进的方面。

（3）发现提升产品或服务质量的机会。该系统还能对目前产品或服务的质量进行检测，发现其存在的欠缺，从而找出问题所在，以便采取有针对性的措施。

（4）从客户的意见和建议中寻找解决客户不满的办法，为管理者提供建议。客户目前对企业的意见和建议要能很快地反馈到企业的管理者那里，以便采取对策加以改进。如果信息到不了管理者那里，客户一直得不到回音，就会影响客户对企业的满意度。

2.应当弄清有关产品与客户的一些问题

通过客户满意度系统，管理人员要能迅速地摸清有关客户和产品的问题，了解企业目前的状况，这些情况是领导层进行决策的重要依据。管理者通过客户满意度系统应当弄清楚的问题如下。

（1）企业的客户。这是最基本的问题，管理者一定要清楚企业的客户是谁。

（2）客户的数目。管理者要通过客户满意度系统了解企业客户的具体数目到底是多少，企业是否为这些客户建立了数据库。这些是系统提供的客户资料。

（3）企业的客户分类。企业是通过什么方式对客户进行分类的，系统要一目了然。

（4）目标客户、提供服务的方式和竞争对手。客户满意度系统对这些方面的情况也应有所反映，作为决策者以后发展新客户、提高服务质量的依据。

企业通过这一步还要弄清楚，在企业的运营中怎样为客户提供服务，以及哪些部门直接与客户接触，哪些部门为与客户接触的一线工作人员提供支持，等等。

客户满意度系统牵涉到客户服务的方方面面，只有把这些因素综合起来考虑，才能完整地理解客户满意度的概念。

关键点提示

客户满意度系统要达成的目标有：

1.确定影响满意度的关键因素；

2.测定当前的客户满意度；

3.发现提升产品或服务质量的机会；

4.从客户的意见和建议中寻找解决客户不满的办法，为管理者提供建议。

1.14　如何展开客户满意度系统的评估

> 工作场景描述
>
> 当想要了解客户满意度方面存在的问题时，可查看。

解读与分析

满意度系统评估是满意度研究体系中最为重要的一环，通过这一阶段的工作，企业可以找到当前在客户满意度方面存在的问题和需要改进的方面。具体步骤如下。

1.对员工进行调研和评估

对客户满意度系统的评估首先要从企业的内部开始，企业内部的评估主要面向企业内部员工，尤其是直接与客户打交道的部门的员工。通过谈话、填表等方式对他们进行调研，在企业内部分析和评估客户满意度。这一步的主要目标是要得到两方面的信息。

（1）在企业内部，员工对客户满意度系统的自评效果怎么样；在客户满意度系统指标里，哪些方面获得了成功；哪些方面没有效果或效果欠佳；哪些方面需要改进；系统的各个方面独自运行的效果，系统整体运行效果以及员工对它的总体评价等方面的问题。

（2）抛开外部因素，单从企业的角度来看，影响客户满意度的因素有哪些？

2.对客户进行访问、调查

企业内部的评估结束以后，马上要把注意力转移到企业外部。最重要的是影响客户满意度的主角——客户，对他们进行调研，重点了解他们认为影响客户满意度的因素有哪些。调研的方式很多，最主要的是通过采访和座谈的方式，挑选有代表性的客户。此阶段要完成的任务如下。

（1）将客户的观点与企业的看法进行对比。因为客户和企业一个是产品或服务的享受者，一个是产品或服务的提供者，所以，他们的观点肯定不一样，但多少也有些共同点，企业应找出这些共同点。

（2）客户对满意度系统有自己的体会，企业要从客户的角度挖掘出新的影响满意度的因素，补充到客户满意度系统中去，使之不断地完善。

3.对客户进行抽样调研，为定量调研打下基础

企业对客户进行最基本的调研之后，可以确定出系统需要改进的基本范围，为了进一步摸清情况，了解客户对企业的评价和影响客户满意度的因素，需要对客户进行抽样调查，目的是找到影响客户满意度的最有代表性的指标，以便确定改进的重点因素，为下一步进行定量调研做好准备。这时企业需要达到的目标有以下几个。

（1）了解客户对企业的满意度到底处在一个什么样的水平。

（2）确定影响客户满意度的具有代表性的指标。影响满意度的因素很多，需要找出最具代表性的。

（3）重新检测前面所确定的指标，发掘、更新有价值的新指标，为以后的系统改进打下良好的基础。

4.对客户进行定量调研，对客户满意度系统的评价指标进行量化

企业要在前三步的基础上，对信息进行整理，以此信息为基础，确定出量化标准，定量测度客户满意度，基本得到客户满意度的情况。此时，企业的主要任务如下。

（1）量化评价指标。对客户满意度系统的评价指标进行量化，使以后的改进更具体化。

（2）对客户进行广泛调研，充分听取各方面的意见。

（3）评估企业目前的客户满意度状况，得出评估的结果。

（4）寻找企业的优点和缺点。这是今后企业改进的方向，也是设置客户满意度系统的目的所在。

通过以上四个步骤，企业基本可以明了客户满意度情况。分析各项因素的重要程度及客户对目前企业在这些方面的满意度，可以将影响客户满意度的因素分作四个部分，将它们表示在一个坐标系中。

企业可以把客户按满意度划分为四个区域，不同的区域应采取不同的对策。

（1）保持区：保持已有状态，并适时发展。

（2）加强区：需要特别地对待。

（3）发展区：发挥优势，进一步发展，向保持区靠拢。

（4）忽略区：没有必要花费过多的精力。

对客户满意度系统的评估结束以后，企业要找出存在的主要问题，明确企业的改进方向，为以后的系统改进提供依据。

关键点提示

开展系统评估的方法主要有：

1.对员工进行调研和评估；

2.对客户进行访问、调查；

3.对客户进行抽样调研，为定量调研打下基础；

4.对客户进行定量调研，对客户满意度系统的评价指标进行量化。

1.15　如何获得客户的忠诚

工作场景描述

当想要赢得客户忠诚时，可查看。

解读与分析

客户忠诚是可以获得的。企业获得客户的忠诚，并没有一定的程序可以遵循，但有一个大致的思路。具体如下。

1.企业上下要在思想上认识到客户的重要性

企业如果想真正做到“尊重客户，以客户为中心”，就必须首先从思想上认识到客户的重要性，这是赢得客户忠诚的基础与前提。要让企业的每一个人知道、懂得，更要从思想上意识到：客户是我们的“衣食父母”，客户是每个月为我们开工资的人，能够满足客户的需求是企业的荣耀，并由此真正将“以客户为中心”的思想贯彻到自己的行动中。

2.开展客户忠诚计划前，企业必须首先赢得员工的忠诚

企业员工是客户忠诚计划的实施者。企业赢得客户忠诚的前提是必须赢得自己员工的忠诚，一个人心涣散的员工群体很难赢得客户的信赖。员工的忠诚主要包括：一是员工在工作中尽职尽责，二是员工不会轻易流失、跳槽。

3.客户忠诚计划要赢得企业高层人员的支持

实行客户忠诚计划是一个自上而下的过程，需要企业领导的各方面支持，无论是资金的投入，还是人员的配备，如果没有企业高层人员的支持，该计划很难进行下去。在实行客户忠诚计划的过程中，企业的高层人员要精心组织实施，进行各方面的协调统一。除此以外，他们应当成为这一过程中非常重要的组成部分和决定性因素，而不是局外人。所以说，赢得了高层人员的支持，就打通了通向客户忠诚的道路。

企业的高层人员可以采取以下方式接近客户，为普通的员工做出表率。

（1）与具体接触客户的员工交流。

（2）出席为赢得客户忠诚而举行的会议，并明确表达自己的观点。

（3）参加与客户交流的活动。

4.企业要不时地提高客户的购买兴趣

保持客户对企业的兴趣很重要，它可以使客户对企业始终保持关注。提高客户兴趣的方法有很多。有奖销售，明星助阵的广告牌，改变产品的颜色、形状，增加产品的附加功能，这些都是提高客户兴趣的好方法。但是，这些都是短暂的、不牢固的方法，只能起到一时的作用，最为有效的措施还是通过自己优质的产品和服务来吸引客户。企业要无微不至地考虑客户的需求，并竭尽全力满足他们，这样做的结果不仅仅是让客户感到一种满足，更重要的是能够让客户对企业充满感激。一般来说，对企业产品或服务感到满意的客户，更乐意将自己的感受告诉他所熟知的人，而企业应当牢记：客户的口碑，尤其是老客户的口碑，是最容易吸引新客户的。

5.企业与客户随时保持有意接触，并留心发现他们的需求

企业应当制订详细的计划，有意识地多和客户接触。与客户的接触应该被企业升华为一种心与心的交流。通过接触，客户可以更好地了解企业，企业也能够更好地了解客户，实现双方的互动，通过相互的交流建立起一种朋友式的“双赢”关系。另外，企业

可以通过接触展示自己的企业文化，为自己做宣传，表明自己对客户的尊重。通过这种接触，企业也可以了解客户当前的需求，以便制订更有针对性的销售策略，更好地为客户服务。在与客户接触时，企业要主动一些。

6.重视客户的意见，建立起有效的反馈机制

建立有效的反馈机制非常重要，企业面临的不是与客户的一次性交易，而是长期性的合作。一次交易的结束正是下一次新的合作的开始。事实上，客户非常希望能够把自己的感受告诉企业，友善而耐心的倾听能够极大地拉近企业和客户之间的距离。反馈机制就是企业和客户之间的一座桥梁，通过这一桥梁，客户与企业双方能够更好地进行沟通，建立起朋友关系。

大凡成功的企业都有一个秘诀：善于倾听客户的意见，并从中发现有用的市场信息和用户需求，将其及时转化为新的商机。

建立客户反馈机制的方法很多，企业应设立客户服务专线，并在电话畅通度及客服人员服务质量等方面做好客户售后服务体验工作；在企业内部设立独立的机构处理客户的反馈意见；另外，还应形成制度，定期派专人主动接触客户，获取他们的反馈信息。

7.妥善处理好客户的抱怨

企业在倾听了客户的意见，并对他们的满意度进行了调查之后，就应当及时妥善地处理客户的抱怨，这也是赢得客户信任和忠诚的有效方法。客户的抱怨并不是麻烦，企业也决不能因此感到沮丧和失望，相反，成功的企业会把客户的抱怨看作自身发展的新机会、赢得客户的重要机遇。

8.从掌握的信息中分析客户的需求，开发适应客户需求的新产品

当企业做到以上几点后，就已经掌握了很多来自客户的信息。对于这些信息，企业要仔细地进行分析，找出其中最有价值的部分。根据这些信息，企业进一步改进自己的产品或服务。通过这些信息，企业还可以发现并开拓新的市场，开发出适应客户需求、反映市场趋势的新产品。

以上这些步骤是一个循环前进的过程，前一轮工作的结束正是新一轮工作的开始。企业应当将这些步骤看作一个有机的整体，不断地满足客户的需求，赢得客户的信任，在这个循环的过程中逐步提高客户忠诚度。

关键点提示

企业获得客户忠诚的步骤：

1.企业上下要在思想上认识到客户的重要性；

2.开展客户忠诚计划前，企业必须首先赢得员工的忠诚；

3.客户忠诚计划要赢得企业高层人员的支持；

4.企业要不时地提高客户的购买兴趣；

5.企业与客户随时保持有意接触，并留心发现他们的需求；

6.重视客户的意见，建立起有效的反馈机制；

7.妥善处理好客户的抱怨；

8.从掌握的信息中分析客户的需求，开发适应客户需求的新产品。

1.16 如何从整体上策划建设CRM呼叫中心

工作场景描述

当想要开始策划建设CRM呼叫中心时，可查看。

解读与分析

呼叫中心是企业与客户联络与交流的一种工具，是一种新的综合信息服务系统。它充分利用通信网络的多项功能，与企业各业务渠道连成一体，形成一个完整的综合信息服务系统，能有效、高速地为用户提供多种服务。

CRM（customer relationship management system，客户关系管理系统）是指利用软件、硬件和网络技术建立的一个客户信息收集、管理、分析和利用的信息系统。

当将CRM引入企业时，呼叫中心的建设也会面临能否适应CRM需要的问题，因此企业要重新建设一个适应CRM需要的呼叫中心。在建设之前，企业要对呼叫中心进行整体上的策划。

①要设计出完整的客户联系过程，这是保证呼叫中心成功的首要因素。呼叫中心是企业与客户联系的重要渠道、企业与客户联系的枢纽。企业要了解各部门的客户数量，了解客户联系过程的时间和成本，判断是否应该将客户转移到销售部门或是否允许该部门处理这些客户。

②在呼叫中心建设中，要把中心的建设与销售、市场等业务流程结合起来，实现业务与流程的整合。呼叫中心作为信息服务系统，要与企业其他信息系统实现集成。呼叫中心不仅仅服务于服务部门，更服务于企业所有的部门，使它们实现信息互通。

③呼叫中心的信息系统要与原有的客户信息系统相兼容，甚至直接利用原有的客户信息系统。这样既可以节省成本，又可以把原有的信息直接载入新的呼叫中心信息系统。如果本来没有任何信息系统，企业可以直接选择市面上的呼叫中心软件包，从一开始就保证现场销售、电话销售和网络销售的后台数据库是处于资源共享状态的。

④企业与客户的关系在不断地变化，企业在建设呼叫中心时，要考虑这个因素：呼叫中心的设计应该是开放性的，建成以后，应能够根据需要不断地进行改进。

⑤呼叫中心的建设应该采取分步实施的方法，在建设的过程中不断地进行修正，各部门加强合作，会减少建设中遇到的困难。

⑥呼叫中心是企业与客户联系的重要窗口，是企业收集客户资料、了解客户需求的关键渠道。从整体上策划好呼叫中心，是建设呼叫中心重要的一步。

客户对于企业的感受是整体性的，并不存在销售、市场和服务的区别。企业只有完整地设计出与客户联系的流程，才能提高建设呼叫中心的成本收益率。

关键点提示

企业在策划CRM呼叫中心时应把握如下几点：

1.设计出完整的客户联系过程；

2.实现各个系统集成；

3.与原有的客户信息系统相兼容；

4.呼叫中心应具有开放性；

关键点提示

5.分步建设；

6.从整体上策划好呼叫中心。

1.17　如何具体地实施呼叫中心建设

工作场景描述

当想要具体建设呼叫中心时，可查看。

解读与分析

呼叫中心策划好以后，就要组织实施建设。一般而言，建设呼叫中心应参照以下步骤。

1.与提供方案的厂家联系沟通

呼叫中心的硬件需要厂家提供，并由其负责安装调试，企业要清楚厂家对自己方案的掌握贯彻程度，了解厂家提供的硬件是否符合企业的要求。另外，CTI技术的应用是一个专业性非常强的领域，企业人员不一定很熟悉，这些都要求厂家予以支持配合。

CTI是指计算机和电话通信集成，即“Computer Telecommunication Integration”，并在终端（计算机和电话）上得以实现。

2.分析自身业务需求

建设呼叫中心是为了企业发展业务，不同的业务对呼叫中心的要求不一样，所以企业要分析自己业务的需求特点，使中心的建设目的更加明确，不能为了建设呼叫中心而建设呼叫中心。

3.结合业务流程分析，进行技术改造和方案的修改

在实施的过程中，企业要根据厂家提供的硬件，再结合自己的业务流程进行分析，对厂家的技术进行改造，对原先策划的方案进行修改，使之更加合理、完善。

4.征求专家意见，确立企业要创建的呼叫中心模型

企业虽然对自己的业务流程非常熟悉，但在呼叫中心的建设方面还需要听取专家的意见。根据专家的建议，结合自己的业务特点，确定呼叫中心模型。

5.制订技术方案，考虑系统的可扩展性

呼叫中心是信息技术方面的建设，对通信的要求比较高。企业要制订专门的技术方案。按照该技术方案，呼叫中心的信息系统应能够根据需要，随着技术的进步进行扩展。

6.制订进度方案，按阶段实施建设方案

把上面几个任务完成以后，企业要制订具体的建设方案，方案中要目标明确、任务具体，按阶段一步一步地实施。

呼叫中心的建设是一个渐进的、个性化的过程，它是一个对技术要求比较高的工作，而且牵涉的部门比较多。所以，在建设过程中，一定要遵循上述步骤。

关键点提示

企业在建设呼叫中心时应遵循的步骤：

1.与提供方案的厂家联系沟通；

2.分析自身业务需求；

3.结合业务流程分析，进行技术改造和方案的修改；

4.征求专家意见，确立企业要创建的呼叫中心模型；

5.制订技术方案，考虑系统的可扩展性；

6.制订进度方案，按阶段实施建设方案。

1.18 如何利用标准跟进法提高服务质量

工作场景描述

当想要提高服务质量却又不得要领时，可查看。

解读与分析

企业提高服务质量的方法和技巧很多，标准跟进法是其中的一种主要方法。

提高服务质量的最终目的是使客户满意，获得客户忠诚，使企业在市场竞争上获得优势。企业为达到这一目的，最简单的办法就是与竞争对手比较，通过比较，找出差距及差距产生的原因，并不断消除这个差距，提高服务质量。标准跟进法是指将自己的产品和服务与竞争对手，尤其是最强的竞争对手的标准进行对比，在比较和检验的过程中，逐步从策略、经营和业务管理等方面确立自己的目标。

1.进行策略方面的比较

了解竞争对手的细分市场，分析他们采用的策略，包括投资水平、产品、设备、市场研发和资源状况等方面，通过一系列的比较、研究和学习跟进，制订、修改和补充自己的市场策略。

2.进行经营方面的比较

从降低竞争成本和提高竞争差异化的角度了解竞争对手经营方面的做法，然后制订自己的经营方针。

3.进行业务管理方面的比较

了解竞争对手的支持性职能部门在整个企业中的作用，例如服务体系中，后勤部门与前台在服务过程中如何协调关系，以改进自己的工作。

总之，标准跟进法是目前比较常用的提高客户服务质量的一种方法，通过与竞争对手进行多方面比较，找出自己的差距，不断地提高服务质量。

企业采用标准跟进法时要考虑自身的实际情况，包括企业的实力、市场需求等，否则，盲目跟进会导致失败。

关键点提示

企业采用标准跟进法时，可以进行三方面的比较：

1.进行策略方面的比较；

2.进行经营方面的比较；

3.进行业务管理方面的比较。

第2章

客户服务人员培训与管理常见问题

无论多么完美的客户管理理念，都需要落到实处才能发挥它的最佳效果。而落实具体工作需要有一支强有力的客户服务队伍。如何把握员工培训中常见的问题，使得每一次员工培训都是高效的，值得每一位管理者不断学习。

2.1　如何开展客户服务培训前的工作

工作场景描述

当想要成功地开展客户服务培训时，可查看。

解读与分析

客户服务培训的目的是教给企业员工一些方法和技巧，鼓励他们集中精力，不断完善客户服务的技能。一个有意义的培训项目，必须有明确的目标和相关的成果。那么，企业究竟应该如何开展客户服务培训前的工作呢？

1.选聘具有潜质的员工

培训的第一步是要选聘那些积极肯干的员工，消极怠工的员工很难转变为优秀员工。假如员工自身不具备接受培训后成为一名优秀客户服务人员的潜在素质，那么职业培训也无从谈起。因此，要雇佣那些愿意学习、有好奇心并具有创新能力的员工。

2.培训要有明确的目标

企业在对员工进行客户服务培训前应当有明确的目标，任何一个有意义的培训项目，都必须要有明确的培训目标及与工作相关的项目。在还未证实该项目确实有用之前，不要轻易付诸实施。

3.让员工知道企业培训他们的目的

培训前，企业应当让员工们知道培训的目的。

任何一个服务类培训项目首先应从高层管理人员开始。虽然管理人员和一线员工的培训内容不一样，但是，如果员工们知道管理层都十分重视培训，他们就会更加认真自觉地参与到培训中去。

4.让员工明白培训给他们带来的收益

一些企业已经确立了长期的客户服务培训项目，也有一些企业对这类培训还很陌生。如果员工从前没有参加过此类培训，他们可能会觉得上培训班很不自在，并将这与他们从前因受到纪律处罚而接受培训学习相提并论。为消除员工们的这种担忧，管理层需要平心静气、简明扼要地向他们讲清培训给他们带来的好处，例如有利于提高个人竞争力、提高个人素质或掌握某种技能等。

5.鼓励员工不断学习并强调实施

企业管理层要积极鼓励员工不断地学习。客户服务培训不是一蹴而就的事情，必须把培训与企业的其他活动结合起来，并坚持不懈地强调实施。

对培训管理人员来说，要始终保持旺盛的热情，让员工们集中精力坚持不懈地学下去，不断强化培训意识。否则员工们就会把客户服务培训活动看作管理层的心血来潮，最初参加服务培训活动时的兴奋与热情很快便会消退。

总之，在进行客户服务培训之前，一定要让员工明白培训的目的、意义以及培训能给他们带来的收益，做好培训之前的准备工作。这样才能事半功倍，达到培训的目的。

关键点提示

员工培训之前必须做到：

1.选聘具有潜质的员工；

2.培训要有明确的目标；

3.让员工知道企业培训他们的目的；

4.让员工明白培训给他们带来的收益；

5.鼓励员工不断学习并强调实施。

2.2　如何建立完善的培训系统

> **工作场景描述**
>
> 当想要使培训发挥最佳的作用时，可查看。

解读与分析

企业培训员工时首先应有完善的培训系统，严格、系统的培训是做好服务工作的前提。如何建立完善的培训系统呢？

1.考虑企业的文化和战略

培训必须考虑企业的文化风格及企业采取的战略。

2.制订培训策略

培训策略应考虑的重点是：6W1H。

（1）Who——谁需要培训？

（2）What——培训的内容、侧重点及其深浅。

（3）Why——培训的目的、要达到的效果。

（4）When——培训时间。

（5）Which——培训以什么层级为核心？

（6）Where——培训的地点选择。

（7）How——培训的模式选择、密度安排等。

3.制订年度培训计划

培训之前应制订年度培训计划，包括拟定培训内容、培训时间、培训对象，通过培训要达到的效果等等。有了培训计划，才能使培训有章可循。

4.编制培训预算

培训之前一定要编剧培训预算。培训是一项成本较高的工作，事先应该做好预算，否则可能白白地浪费钱财。

5.实施培训

做好培训预算之后，接下来的一步就是实施培训，按照计划对相关人员进行培训。

研究表明，有些培训只是白白浪费钱财，原因是这些培训只是理论上的培训，而不注重将知识用于实践。心理学家认为，要形成一个习惯需要28天的练习时间。培训就是为了使员工形成习惯。如果要实施培训，首先应安排好理论培训后的实践，否则的话，最好不要去浪费钱财。

总之，企业管理层要积极鼓励员工不断学习，客户服务培训本身并不能在一夜之间产生效果，必须把培训与企业的其他活动结合起来，并坚持不懈地实施下去，才能看到成效。

关键点提示

建立完善的培训系统必须：

1.考虑企业的文化和战略；

2.制订培训策略；

3.制订年度培训计划；

4.编制培训预算；

5.实施培训。

2.3 如何通过培训提高客户服务人员的素质

工作场景描述

当想要提高客户服务人员的素质，可查看。

解读与分析

如今，优质服务的内容已不只是为客户提供优质的售前、售中、售后服务，更重要的是提高员工素质、改善服务态度、改进服务方式。提高员工的个人素质可以采取以下做法。

1.职业道德培训

企业应积极引导员工树立“全心全意为客户服务”的思想，因为只有把客户利益放在首位、时时处处为客户着想，才能让客户满意。因此，在培训中，企业要帮助员工树立“维护客户利益，一切为客户着想”的思想，只有这样，企业才能发展得更好。

2.业务培训

业务培训是员工培训的主要内容之一，员工业务素质的高低直接影响他们服务质量的好坏。提供优质服务要求员工必须有丰富的产品或服务知识、较高的操作水平。只有具备了丰富的产品或服务知识，才能解决客户的疑问，取得客户信任；只有拥有了较高的操作水平，才能更好地为客户服务，让客户感到满意。

3.仪表礼仪培训

对员工进行仪表礼仪培训，例如怎样待人接物，如何较好地表达身体语言，如何着装等等。员工的仪表是企业的“门面”，直接影响客户对企业形象的认识。在经营活动中，员工良好的体态和容貌，整洁合体的服饰，亲切和蔼的态度，都会给客户留下难以忘怀的深刻印象，对经营活动的顺利开展起着积极的推动作用。例如，迪士尼的培训课程就涉及礼貌、举止、对时间的控制等内容。

4.培养语言表达能力

企业要想提供优质服务，就必须对员工的语言表达能力进行培训，要求他们的语言表达亲切、清晰、准确，以增强客户的信任感；交谈要文明礼貌，热情友善，富于情感，形象生动，以引发客户的好感，起到感染客户的作用。

5.培养自控能力

优秀的员工必须具备良好的自控能力，这也是企业提供优质服务，提高自身形象的重要方面。员工是不能挑选客户的，遇到挑剔和不讲理的客户时要千方百计避免冲突。因此，员工一定要有良好的自我修养和高度的自我克制力。而这种自我修养和自我克制力是可以通过培训让员工逐渐掌握和具备的，例如可以通过角色扮演或情景模拟等训练，让员工具备在各种情况下处理和控制自己情绪的能力，避免跟客户发生直接冲突。

总之，员工个人素质的提高是一个较长的过程，不可能一蹴而就。

关键点提示

客户服务人员个人素质提高的途径有：

1.职业道德培训；

2.业务培训；

3.仪表礼仪培训；

4.培养语言表达能力；

5.培养自控能力。

2.4 如何培养员工的客户服务意识

工作场景描述

当想要培养和提高员工的客户服务意识时，可查看。

解读与分析

客户服务管理是企业全员参与的活动。企业从上到下，特别是直接面对客户的员工，都应当树立“全心全意为客户服务”的意识，只有这样，才能在所有经营活动中自觉地参与到企业的服务过程中。那么，如何培养员工的客户服务意识呢？

1.组织内部必须协调一致、目标明确

员工服务意识的形成有赖于企业对员工进行有效的客户服务培训。如果企业内部没有协调一致的明确目标，员工的培训就没有任何意义。若企业组织内部的各层管理人员都不知道把一线员工放在重要的位置上，并在工作上支持鼓励他们，那对员工的客户服务培训也是白费力气。

2.管理者必须具备客户服务意识

对一线员工来说，他们希望管理者能够与他们建立良好的关系，而不是高高在上、颐指气使。这些管理者的职能，是将企业制订的各项策略方针转化为具体可行的规章制度，使一线员工有章可循，同时做好各项人力物力的动员组织工作，为一线员工创造良好的工作条件。

管理者更要具备客户服务意识，做好职能转变的准备。他们要成为客户服务的指导者，营造和培养一种健康的经营氛围。在这种氛围下，一线员工能够从中学习到一些经验并积极地创造价值。

3.训练下属以大局为重

要想培养员工的客户服务意识，管理者必须想方设法地训练下属具备以大局为重的观念，并让下属明白，他们是企业不可缺少的一部分。

4.给一线员工一定的自主权

优秀的管理者，必须具有两方面的能力：一是要信任下属，特别是一线员工；二是要学会有效授权，给他们独立处理问题的权力。这样才能在企业上下创造一种民主、平等、自由的氛围。一线员工因经验不足产生失误应得到理解，但要在管理者的协同帮助下总结经验、吸取教训，为今后的成功打下坚实基础。

5.决策者要经常深入一线

使企业中的全体员工真正树立起为客户服务的意识，仅通过下达命令式的要求是不够的。企业的最高组织决策者，必须以身作则，给各层的管理者做出榜样。要重视一线员工的作用，经常深入一线了解情况；要关心客户的利益，亲自听取客户对产品或服务的评价和建议；对管理者要赏罚分明，经常鼓励他们发表自己对企业经营管理的看法，并采纳其中的优秀建议；要与员工共同分享失败与成功……总之，企业决策者的言传身教对各层管理人员的影响是极大的。

6.围绕“客户至上”理念，对管理者进行系统培训

对新加入管理层的人员必须要进行培训。围绕“客户至上”和“重视一线员工”，企业可以选择各种行之有效的培训方法，例如职位轮调、变相升迁、特别任务指派等等。假如以前不恰当的培训造成现有管理者在这方面产生错误心理定式，企业还必须对

其重新进行系统的培训。尽管改变一个人的看法可能要花费相当多的时间和精力，但必须去做，因为只有有了优秀的监督者、管理者和指导者，企业的客户服务管理才有可能获得成功。

因此，要想培养员工的客户服务意识，决策者和管理者首先要具备客户服务意识，亲临一线，以身作则，对员工进行言传身教以及给予系统的培训，从而增强员工的服务意识。

关键点提示

员工培训应遵循的原则是：

1.组织内部必须协调一致、目标明确；

2.管理者必须具备客户服务意识；

3.训练下属以大局为重；

4.给一线员工一定的自主权；

5.决策者要经常深入一线；

6.围绕“客户至上”理念，对管理者进行系统培训。

2.5 如何组织开展有效的客户关怀培训

工作场景描述

当想要组织开展有效的客户关怀培训时，可查看。

解读与分析

组织开展有效的客户关怀培训主要包括以下几个方面的内容。

1.录用、选拔和培训具备正确态度的员工

组织开展有效的客户关怀培训，开始于员工的录用。要录用并培训具备正确态度

的员工，传授其客户关怀技巧、产品或服务知识。如果企业希望员工提供有效的客户关怀，还应促成以下一些事情。

（1）帮助员工树立有关客户服务的全局观念，而不是局限于一个狭隘的角度。

（2）应当尽快让员工熟悉企业中其他部门的运作方式，以使他们能够回答涉及其他部门的一些问题。

（3）应当允许员工做出决策（即使决策涉及钱），而不是让客户跑东跑西，像踢皮球似的对待客户。

2.关注细节

客户关怀最终就是关注细节。企业的客户服务工作做得越好，越会注意何时何处容易在哪些细节上出错。

（1）经常与客户服务人员谈话，赞赏他们在客户服务上的成就，表扬他们付出的努力，传达企业重视客户服务的思想。

（2）倾听客户的心声，了解他们的想法，从而知道企业应如何改进。

（3）对所有管理人员提出明确要求，将至少三分之一的时间用于接触客户和一线客户服务人员。

（4）通过集体自由讨论、小组会议、个人激励等方式，发现改善客户关怀工作的方法。

（5）采取措施纠正、弥补细节上的错误和遗漏，但不要让注意力过分集中在已发生错误的事情上。

（6）留意竞争对手，率先采取某些措施。

3.视具体情况建立高效的客户服务团队

企业应该根据自己的情况建立高效的客户服务团队。

4.正确使用咨询人员

有效地组织开展客户关怀培训的一个关键问题是由谁来主持培训研讨会：是由企业内部成员还是外部的咨询人员主持？

咨询人员在一些具体的客户关怀培训活动中扮演着很有帮助的伙伴角色。企业在选择客户服务管理咨询机构的时候，一种简单的方法是先找出那些客户服务水平给人留下深刻印象的企业，再看一下它们所雇佣的咨询机构是哪家；另一种简单的方法是看一下咨询机构在最初发生业务接触时所提供的咨询服务的层次和水平。这两种方法都是很有效的。

5.确定一次培训的最佳规模

培训规模多大为宜，存在着不同的看法。对于大型企业来说，如果目标是迅速地打开市场，在较短时间里提高产品或服务的市场占有率，那么该企业会毫不犹豫地选择大型的客户关怀培训，而且这种培训只适合性格外向的员工参加。与此不同的是，小规模客户关怀培训的优势在于这样的培训人人都可以参与，不受性格之局限。

因此，客户关怀培训应视具体情况组织展开，在培训过程中要注意细节，正确地使用咨询人员。

关键点提示

企业组织开展有效的客户关怀培训时，要从以下几方面做起：

1.录用、选拔和培训具备正确态度的员工；

2.关注细节；

3.视具体情况建立高效的客户服务团队；

4.正确使用咨询人员；

5.确定一次培训的最佳规模。

2.6 如何对客户服务人员进行教育训练

工作场景描述

当想要对客户服务人员进行教育训练时，可查看。

解读与分析

教育训练，即员工培训中持续的、密集的、全面的培训。员工教育与训练之间是相辅相成，缺一不可的。对于培训而言，教育和训练是两个含义不同的名词。“教育”对员工的心理层面建设多于实务层面，亦即“提供优质服务的价值与态度的社会性培训”；“训练”则对员工的实务层面的培训多于心理层面，亦即“执行工作职能的技术性培训”。

对客户服务人员进行教育训练的内容如下。

1.进行教育

无论是对后台员工，还是对一线员工，企业都要进行心理方面的教育和技能方面的训练。那些服务卓越的企业，大多能把两者搭配好。对所有在职的客户服务人员进行全面的教育时，主要内容如下。

（1）讲授影响服务质量的因素和原理。

（2）让所有的员工意识到关心客户是他们的工作。

（3）强调每一位职责不同的员工在整个企业的发展中都有其重要性，特别是那些不直接与客户打交道的员工。

（4）增强企业每一位在职客户服务人员的参与意识、积极性和自尊心。

2.进行训练

在技能技巧训练方面，肯花心思的企业，大都会利用作业手册等，把每一种工作分解成具体的步骤，然后利用各种教学方式，例如，通过视频和角色示范，把作业手册上的内容教授给每一位员工。

关键点提示

对员工进行教育训练时应：

1.进行教育；

2.进行训练。

2.7 对一线员工进行培训时要达到什么目标

工作场景描述

当想要使一线员工掌握服务技能技巧时，可查看。

解读与分析

在客户服务培训中，企业应当把目光主要集中在那些一直暴露在客户面前的员工身上，即一线员工身上。一线员工是直接与客户接触的人，他们的任何行为都会成为客户眼中企业服务水平的代名词。一线员工在客户服务中很重要，要想使他们能够灵活地应对一切突发事件，就必须对他们进行培训。培训所要达到的目标如下。

1.学会帮助客户

在培训中，要使一线员工确立“客户至上”的服务意识，把客户的需要放在第一位，尽自己所能来帮助客户，把帮助客户作为自己义不容辞的责任。

2.学会重视客户

一线员工在看到客户时就应向他们打招呼，这显示了企业对客户的重视。即使员工在特殊的情况下无法立即与客户交谈，也要表现出对客户的关注和随时准备为其服务的意向。

3.学会处理突发事件的技巧

客户服务过程中，客服人员会碰到各种各样的客户，有的蛮横无理，有的易于冲动等等。要告诉员工，无论在什么情况下，永远不要跟客户争辩。

企业必须对一线员工进行培训来避免与客户发生冲突，但这种培训不应是简单地告诉员工，不能同客户发生争辩，不能对客户生气，这不足以让员工在面对客户的无端指责时克制怒火，保持心平气和，因为光有理论和说教，解决不了实际工作中发生的形形色色的问题，只有通过各种角色扮演或其他一些模拟情景的实际演练，增强员工的预防能力，才有可能在情绪控制方面取得实效。

4.学会如何进行人际交往

一线员工面对的是客户，因此，人际交往能力十分重要。在与客户进行交往的过程中，一线员工要善于倾听客户意见，挖掘客户的潜在信息，了解客户的需求，与客户建立良好的关系。

总之，对一线员工进行培训非常重要，因为他们直接面对客户，他们的表现不仅关系到企业的形象，还关系到企业能否获得客户忠诚，能否与客户建立良好的关系。企业要通过培训，让一线员工学会如何待人接物，如何处理突发事件，如何帮助客户，如何解决客户的问题以及如何给客户留下良好的印象等。

关键点提示

一线员工培训的目标：

1.学会帮助客户；

2.学会重视客户；

3.学会处理突发事件的技巧；

4.学会如何进行人际交往。

2.8　对后台员工进行培训所要达到的目的是什么

工作场景描述

当想要对服务系统里的后台员工进行培训时，可查看。

解读与分析

在企业中，有的员工并不直接面对客户，即后台员工。他们虽然不直接面对客户，但他们也是服务系统的组成部分，间接为客户服务。后台员工的服务质量直接关系到前台员工的服务质量，关系到企业的利润。因此，企业也应该对这部分员工进行与其工作有关的服务培训。

1.要使后台员工知道优质服务带来的好处

与一线员工不同的是，企业对后台员工进行培训时，应该侧重让他们知道优质服务给企业和他们自己带来的好处，使他们意识到自己在提供服务的过程中的重要性，帮助他们理解“内部客户”的含义，以使他们更好地服务内部客户。

2.要使后台员工学会支持、帮助一线员工

企业要通过培训使后台员工学会在工作中支持和帮助一线服务人员。一线服务人员直接面对的是外部客户，而后台员工主要面对的是内部客户。因此，对他们进行培训时，企业应讲述如何更快、更好、更高质量地服务一线人员。

对后台员工的培训方式可以多种多样，培训内容应以提高办事效率和提高对一线员工的服务质量为重点。例如，麦当劳采用“工业化”和服务标准化的措施，可以低成本产出符合质量标准的服务。

关键点提示

后台员工的培训要点包括：

1.要使后台员工知道优质服务带来的好处；

2.要使后台员工学会支持、帮助一线员工。

2.9 如何建立高效的服务职能部门

工作场景描述

当想要使企业上下齐心协力为客户提供优质服务时，可查看。

解读与分析

无论企业的营销计划有多好，如果没有一支高效运作的团队、一个出色的服务职能部门做支撑，该计划就不可能取得好的效果。企业建立一个高效的服务职能部门应遵循以下原则。

1.确定一个核心管理层

客户服务部门是联系客户的重要纽带，应该得到高层核心管理者的支持和指导。这个核心管理层必须有计划能力、分析能力、执行能力和控制能力，通过自上而下的管理，运用行政计划、命令等手段，加强职能控制。在团队建设中，企业还应该注重核心职业经理人的培养和选拔，要建立一种储备机制，从而不至于因组织人员的变动而使团队陷于被动。

2.明确各工作岗位的职能，制订工作流程

在客户服务工作中必须明确各个岗位的职能，具体到每个人的工作目标和范畴，杜绝工作的盲目性和无序性。

工作流程的制订从理论上为员工指明了具体的工作方向。企业应了解每个环节与员工个人之间的关联性，这在很大程度上，既减少了无序的工作所带来的混乱，又提高了工作效率。如果没有工作职能的界定，没有工作流程去指引服务行为，矛盾很容易在两个不同的职能体系之间产生，而工作职能的界定和工作流程的明确是解决这个问题的有效方法。

3.加强各部门之间的信息沟通与合作

加强信息在各部门之间的流动性可以使员工更好地为客户服务。加强信息沟通时要做到：员工之间协调配合，理解和信任他人，互相帮助，竞争对手出现时做出快速反应。

4.构建客户服务管理体系

客户服务管理体系是确保整个服务工作规范化的基础保障系统。如果没有这个体系或者这个体系存在太多的问题，即便有强势的营销团队，也不会取得太好的营销业绩。客户服务管理体系在保障服务工作规范化的同时，也在引领团队的服务工作向既定的目标方向运行。企业要让团队的每一个成员认识到客户服务管理行为是企业行为的一部分，工作时应以企业的行为为主线，不偏离企业的“服务”中心思想。

总之，客户服务管理体系必须规范化，机制要健全，在企业发展的不同阶段，客户

服务管理体系要做一些必要的、适时的修订。

关键点提示

企业建立高效的服务职能部门时必须：

1.确定一个核心管理层；

2.明确各工作岗位的职能，制订工作流程；

3.加强各部门之间的信息沟通与合作；

4.构建客户服务管理体系。

2.10 怎样通过员工满足客户的需求

工作场景描述

当想通过员工赢得客户的满意时，可查看。

解读与分析

企业对待员工的态度会影响到员工对待客户的态度。企业的员工是商业活动的主体，员工对待客户的态度以及员工本身的素质，是企业成败的关键。企业通过员工为客户提供良好的服务时要遵循以下原则。

1.重视员工的需求

员工不是商品，不是工具，而是有情感、有思想的人，他们的需求也应该得到尊重。如果企业把员工当作有真情实感、有正当需要和有利益追求的劳动者来对待，他们就会在接待客户时表现出积极乐观的态度和风貌。如果员工能感到企业对他们的重视，他们就会更加勤奋地工作。反之，如果企业忽略了员工的情感需求和物质需求，他们也会把这种“待遇”和“体会”传递给客户。

2.让员工有归属感

员工对企业有归属感可以激发自身的工作热情。员工是促进还是阻碍客户的消费行为，在很大程度上取决于他们对企业的感情。企业要营造和睦的工作氛围，树立员工的主人翁意识和责任感，这样，即使是后进员工，也会变成优质服务提供者。

3.适当奖励和激励员工

一线服务人员在日常工作上的表现有着极大的差别。当他们觉得自己受赏识，自己的意见得到关注，或有机会提出自己的问题和建议时，他们甚至会热情地为客户提供额外的服务。

总之，要想通过员工满足客户的需求，企业首先要重视员工的需求，让员工有归属感，在工作当中适当奖励和激励员工。

关键点提示

企业通过员工满足客户的需求时必须：

1.重视员工的需求；

2.让员工有归属感；

3.适当奖励和激励员工。

2.11　如何选拔优秀的客户服务人员

工作场景描述

当想选拔优秀的客户服务人员时，可查看。

解读与分析

优秀的客户服务人员有助于企业在竞争中立于不败之地。那么，如何选拔优秀的客户服务人员呢？方法如下。

1.明确工作岗位所需的人才素质

要想找到合适的客户服务人员，企业首先应对岗位进行分析，确定该项工作需要什么技术和知识，员工需要具备什么样的行为品质，再把这些基本的要求作为衡量应聘人能力和素质的尺度。

（1）列出胜任这一岗位所需要的所有基本条件，如教育水平、培训经历、产品知识、服务意识和客户资源等。

（2）列出胜任这一岗位所需要的技能。

（3）确定需要具备哪些品质，如耐心、自信和果断等。

2.通过提问题的方式对候选人进行评估

相关人员可问一些含笼统的、开放式的问题，比如以下问题。

（1）您最近一份工作中，什么责任是您认为最重要的？

（2）与客户打交道时，您认为什么最重要？

（3）您会如何对待难应付的客户？

（4）当您进入一间全是陌生人的房间时，您会有什么感觉以及如何做？

（5）您做过哪些能反映您对他人友好的事情？

（6）最近您身边发生了哪些特别有趣的事情？

（7）您觉得特别自豪的工作成就是什么？

通过这些问题，相关人员可以了解到候选人的责任意识、工作态度和性格等，从而发现理想的客户服务人员。

3.分析候选人对问题的回答

在分析候选人对问题的回答时，相关人员可着重考虑以下问题。

（1）是否喜欢他人？

（2）是否把为别人服务看作享受？

（3）是否有强烈的社交需要？

（4）在陌生人中间是否能感到自然？

（5）对某个集体或某个地方是否有归属感？

（6）是否有控制情绪的能力？

（7）与人接触时是否敏感？是否具有共情能力及充分表达同情或怜悯的能力？

（8）是否有主动掌握自己生活和命运的意识？

（9）总体上是否信任他人？

（10）是否自尊心太强？

（11）是否有证明自己能力的过往经历？

在面试结束后，相关人员可对候选人做出综合评价，从而寻找到合适的人选。

关键点提示

选拔优秀服务人员的步骤是：

1.明确工作岗位所需的人才素质；

2.通过提问题的方式对候选人进行评估；

3.分析候选人对问题的回答。

2.12　如何处理不符合要求的员工

工作场景描述

当不知如何处置不符合要求的客户服务人员时，可查看。

解读与分析

企业招聘员工之后，经过一段时间的实践，会发现有些员工不适合做客户服务工作，他们不能或不愿友好待客，甚至在工作中犯了很多错误，这时候应该怎么办呢？

1.加强素质教育

如果员工的工作态度有问题，管理人员可以找他谈话，强调工作态度的重要性，帮助他重新树立客户至上的信念，同时加强技能培训，提高员工的个人素质。

2.调换工作岗位

有时员工不能适应工作，或者说不适合做客户服务工作，但一经转岗则能适应新的工作岗位。在这种情况下，管理人员可以将这类员工调离客户服务工作岗位，换到别的岗位上。

例如，管理人员可以说："小张，我们已经接到好多客户的投诉，对你的工作提出抱怨，同事也反映你的工作态度不好，你好像并不太喜欢现在的服务工作。如果再给你一次选择机会，你愿意到哪个部门去工作呢？"

如果他不想被辞退，还想为企业做事，他可能会说："您能提出这个问题我很感激，我的确不高兴天天去给客户解决问题，我其实很喜欢××部门的工作，能把我调到那里去吗？"

3.辞退

不符合要求的员工不仅对客户的服务差，还会伤害周围的同事，恶化同事之间的关系。这些员工往往不按企业要求的标准去对待客户，也从不纠正自己的行为和态度。他们就像"病毒"，会侵蚀到客户中去，侵蚀到其他员工的工作中去，继而破坏工作氛围，弱化大家的工作热情，更严重的是，会把客户赶跑。

因此，尽管辞退员工是件很痛苦的事，但为了企业的利益，管理人员必须当机立断。

许多企业用"象限方法"来评估员工的业绩。

（1）处于第一象限的员工有积极性，有能力。这是最理想的员工。

（2）处于第二象限的员工有积极性，但缺乏工作所要求具备的能力。对这种员工，企业需加强训练，使其掌握客户服务工作应具备的知识和技能。

（3）处于第三象限的员工有能力，没有积极性。这种情况下要么改变状况，使他们回到第一象限，要么辞退他们。

（4）处于第四象限的员工没有能力，没有积极性。这样的员工应全部辞退。

总之，对待不合格的员工，不外乎三个办法：加强素质教育，调换工作岗位，辞退。当然，对待这些员工，一定要慎重，因为这关系到员工队伍的稳定问题。因此，管理人员在做某项决定之前，要慎重考虑。

关键点提示

企业对待不符合要求员工的方法是：

1.加强素质教育；

2.调换工作岗位；

3.辞退。

2.13　如何对待老员工

工作场景描述

当想妥善处理好企业内的老员工问题时，可查看。

解读与分析

员工是企业最宝贵的资产，是企业的“内部客户”。企业在客户服务活动的开展过程中经常会碰到一些老员工问题，如态度消极、不思进取、摆老资格、完成不了本职工作等。针对上述问题，企业应怎样对他们进行教育管理呢？

1.给一些口头忠告

对出现上述情况的老员工，管理人员要像对其他员工一样，先给一些口头上的警告，然后申明企业的纪律和规定，一些员工会因此对自己的行为进行改善。

2.终止合同，辞退其人

经过口头忠告和谈话以后，如果这些员工的行为依然如故，唯一的办法是终止合同。尽管这些人为企业效过力，但现在不能很好地完成企业分配的任务，那只能将他们辞退。如果因为顾念他们的功劳，企业就要无条件地维护他们，很可能会使那些勤勤恳恳的员工感到不公平，不利于提高员工的士气，这些老员工也会因此而更加无所顾忌，无视企业的纪律和规定。这不仅浪费企业的金钱和时间，还会给企业发展造成极坏的影响。

但是，很多老员工不仅为企业立下了汗马功劳，现在还一如既往地为企业勤奋工作。对待这部分员工，企业应该采取另外一种做法。

3.为老员工提供优质的服务

在企业里，有一些工种的服务人员只能工作到一定的年龄，老员工是年轻员工的未来写照，年轻员工较为关心他们的境遇。因此，解决好老员工的工作、生活问题，为他们提供其所需的服务是企业的头等大事。这会直接影响到年轻员工的工作积极性，影响到企业的文化建设。

关心老员工，给老员工以妥善的安排，不仅可以调动老员工的积极性，而且可以使年轻员工更有信心，更有安全感。

因此，企业对老员工应投入更多的关怀，如解决他们的住房问题、子女就业问题、福利问题，节假日给予特别的关心和慰问等；对于年龄不适于一线工作的服务人员，企业可以对他们进行培训，让他们从事本企业其他部门的工作，如后台服务等。

总之，老员工问题一定要妥善处理，因为他们曾经为企业做出过贡献，处理好他们的问题，既能激励年轻员工，又能稳定“军心”。如果老员工的表现实在太差，那也没必要因为他们昔日的贡献而姑息迁就，毕竟企业是以追求利润为目标的。

关键点提示

对待老员工的态度：

1.给一些口头忠告；

2.终止合同，辞退其人；

3.为老员工提供优质的服务。

2.14　如何激励员工

工作场景描述

当想调动员工的积极性时，可查看。

解读与分析

适当的激励可以激发员工的工作热情，发挥员工的潜力，从而为企业赢得更多的客户。企业要想激励员工，应该做到以下几点。

1.明确激励理念

客户服务人员要有为他人服务的思想和一定的奉献精神。但人是具有社会属性的，员工也有自己的需求。对于员工追求个人利益的要求，只要在不侵犯别人利益的前提下，企业应该给予充分的尊重。因此，企业在保证员工个人利益的前提下，再强调奉献，才是合情合理的，而完全抛弃个人利益，一味地强调奉献显然不现实。激励的基本理念一定要很清晰。

2.激励力度适中

在激励员工的过程中，力度要适中：太小起不到激励员工的作用，达不到企业的目的，太大则过犹不及。正如设立一个目标，如果目标太容易达到，员工工作热情不饱满，潜力得不到发挥；而目标太高，员工怎么努力也达不到，就会产生厌烦情绪，长此以往，士气就十分低下，这样也达不到企业的目的。

3.形式多种多样

激励并不等于奖励。对员工进行激励可以有很多种方式，包括物质激励和精神激励：物质激励如长期收入、短期收入，稳定收入、风险收入，现金收入、实物收入；精神激励包括口头表扬、书面表扬及职位升迁等。

4.因人而异

企业要针对员工个人情况给予激励。要想达到激励的最佳效果，企业应对员工的需求认真具体地分析，不能对所有人采用“一刀切”的激励手段，否则就起不到效果。如对管理人员和普通员工就不能采用同样的激励方法，前者可能需要的不只是表扬和奖金，他们更可能追求的是事业的成就感。同样，科技人员和工人的需求也是不一样的。因此，对不同的员工，企业应具体分析，采取不同的激励方法。

在服务型企业中也存在80/20定律，即20%的员工创造了80%的价值，80%的员工创造了20%的价值。企业要找到那20%的人，主要激励这些人。两类员工的划分可以按员工对企业实现经营目标的影响力大小及可替代性强弱来判断。

总之，对员工的激励既要有精神方面的，也要有物质方面的，奖励的力度要适当，形式要多样。只有这样，才能起到激励员工的作用。

关键点提示

企业激励员工时必须做到：

1.明确激励理念；

2.激励力度适中；

3.形式多种多样；

4.因人而异。

2.15 如何发挥员工的主人翁意识

工作场景描述

当想发挥员工的主人翁意识时，可查看。

解读与分析

为客户提供优质服务的基石是具备服务素质高的企业员工，而员工服务素质的形成在一定程度上有赖于企业是否能够让员工发挥主人翁意识，是否能够让员工有归属感。

使员工发挥主人翁意识的方法如下。

1.给员工一定的自主权

在客户服务工作中，管理人员应该给员工一定的自主权，这样能唤起他们的责任感、创造力，使他们全力投入工作，并积极寻找解决问题的方法。

当然，把处理问题的独立自主权下放给一线员工，对一线员工主管和中层管理人员来说，意味着自身权力的削弱。其实，在客户服务工作中，对员工管得太严会束缚员工手脚，他们会认为企业不信任他们，这样会限制他们自主决策的能力，进而使他们失去工作热情，不利于问题的有效处理。

2.以身作则，深入一线了解情况

要想让员工发挥主人翁意识，光靠下达行政命令或给员工自主权是不够的。作为管理者，还应该以身作则，给一线员工做出榜样。要重视一线员工的作用，经常深入一线了解情况；要关心客户的利益，亲自听取客户对产品或服务的评价建议；要对员工赏罚分明，经常鼓励他们发表对企业经营管理的看法，并采纳其中的优秀建议；要与一线员工共同分享失败与成功的经验。

3.信任和理解员工

信任是最高的赞美和鼓励。在服务工作中，管理人员要理解和信任员工，赋予员工责任，满足他们的需求，在企业内部创造一种民主、平等、宽松、自由的工作环境。

4.注重福利方面的建设，解决员工的后顾之忧

好的福利是培养忠诚员工并使之为客户提供优质服务的基础。福利包括奖金、住房、医疗保险等方面。福利政策的有效执行可以增强员工归属感，让员工没有后顾之忧。

此外，要想让员工更好地把精力投入到工作中去，不妨多了解员工的困难，如两地分居、子女上学、住房等问题，并有针对性地给予帮助，提供必要的服务，这会大大增强员工对企业的归属感。

关键点提示

发挥员工的主人翁意识必须做到：

1.给员工一定的自主权；

2.以身作则，深入一线了解情况；

3.信任和理解员工；

4.注重福利方面的建设，解决员工的后顾之忧。

2.16 如何进行现场指导

工作场景描述

当想要找出客户服务工作的问题并及时解决时，可查看。

解读与分析

在客户服务过程中，管理者应该亲临一线，以身作则，一来可以观察员工分析问题、解决问题的能力，二来可以对员工进行适当的指导和帮助，化解一些冲突。好的管理者可以及时觉察已出错或露出错误苗头的服务。现场指导能够当场发现问题并解决，既切实可行又十分重要，是为员工提供支持、小心处理并不断了解事情经过的过程。现场指导主要经过如下两大步骤。

1.观察

如果一线服务人员正在与客户发生冲突，管理者中途介入，就很容易产生误解。此时，管理者最明智的做法是，花一分钟辨明状况，对所发生的事情形成一种稳妥的判断后再采取第二步骤，即决定该怎么办。

2.采取行动

观察之后，下一步是采取行动。有如下四种行动方式可供选择。

（1）置身事外。管理者经过细致观察与了解，觉得没必要进行指导或帮助，可用笑一笑、点点头或别的动作表明不干预，然后走开。如果管理者对碰到的事不放心，不妨问一声："需要帮忙吗？"如果回答是否定的，就先走开。不过可趁机提醒员工，他可以请求帮忙。但是，管理者发现已出错或露出错误苗头的服务时，一定要适时介入、解围，甚至在特殊情况下接手处理棘手事件。

（2）过后再谈。管理者可以站在一边不管，等服务过程结束后把员工叫到一旁，问问当时的情况。

（3）打断谈话。有时，员工可能过于投入，感受不到问题的产生，看不到别人给予的暗示，或没意识到与客户之间已产生误会。这时，管理者就该走上前，改变一下谈话的气氛和内容。

（4）打断冲突。当员工明显不能控制局面而客户或员工又情绪激动时，管理者就该出来插手收拾局面了。一定要记住，这是唯一选择。

面对愤怒的客户，管理者要做到：第一，平复客户的情绪；第二，继续提供服务。处理完问题之后，管理者应留在该员工身旁，至少到该员工完成下一次服务。在员工休息或换班时，管理者再与该员工一起坐下来回顾当时的情形，做事后分析。

总之，管理者在必要的时候一定要亲临现场做指导，视情况采取行动，协助一线员工共同解决客户的问题。

关键点提示

管理者进行现场指导有两个步骤：

1.观察；

2.采取行动。

2.17 如何对员工进行有效领导

工作场景描述

当想要对员工进行有效领导时，可查看。

解读与分析

领导者领导水平的高低决定着企业服务质量的好坏，在企业的服务质量提升中，培养领导者的领导能力是最为重要的、无可替代的一步。那么，领导者应如何对员工进行有效的领导呢?

1.培养以服务为导向的企业文化

唯有领导者亲自推动客户服务的改进过程，加上锲而不舍的努力，才能真正提供卓越的服务。领导者要把为客户服务放在首位，并且以身作则，亲身参与服务活动，以富有感染力、不吝投资的行动来支持各种客户服务工作。为了向员工传达企业的价值观，领导者应强调双向沟通——办公室的大门对所有的员工开放，并且利用每周的工作会议向员工提供信息，给予启发，同时解决服务问题。

2.使客户服务成为每个人的事

企业员工都应该树立为客户服务的思想。领导者应该鼓励员工在思想上和行动上，将自己看作企业的主人，来处理客户服务中出现的任何问题。领导者要尽量把权力下放到企业基层。企业通常采用倒金字塔或圆心式组织图，借以强调一线员工的重要性仅次于客户，要相信每位一线员工都有成功的潜力。

3.有效运用权力

权力总是与领导相伴随，优秀的领导者在使用权力的过程中通常会小心谨慎、深思熟虑。领导者不能因为手中有权力就张扬招摇，权力是一种用以维持标准、形成规范和实现目标的工具。权力可以使出色的领导者胜出，但不能以牺牲其服务团队成员的利益为代价。这就需要企业进行清楚、合适的权限划分。当权力使用恰当时，它会得到员工们的尊重和欢迎。

4.与员工进行有效沟通

出色的领导者应该是一位非常优秀的沟通者。要想对员工进行有效领导，领导者必须与员工进行有效沟通，对员工所需所想了如指掌。在有效沟通的过程中，领导者可以将自己的经营心得、工作秘诀及操作技巧传授给他人。另外，一位出色的领导者还要用对服务的远见卓识、对事业的热爱以及自己诚实正直的品行来影响员工。

领导者与员工进行有效沟通，有利于形成科学决策，制订客观的服务质量标准与切实可行的服务经营策略，可以得到一些制度及经营策略实施之后的反馈信息，及时纠正决策实施中的一些偏差。

5.既要负责，又要放手

在客户服务工作中，领导者既要对整个服务工作负责，对服务质量做出具体的承诺，深入服务现场，又要给员工一定的自主权，赋予员工独立处理问题的权力。领导者对员工的能力坚信不疑，才能调动员工的工作积极性。企业要避免领导者大权独揽，防范过严。

总之，领导者如果想整合企业上下共同为客户服务，就必须对员工进行有效的领导，合理运用手中的权力，既要对工作负责，又要适当放手，避免“一统就死，一放就乱”的情况出现。

关键点提示

领导员工时必须：

1.培养以服务为导向的企业文化；

2.使客户服务成为每个人的事；

3.有效运用权力；

4.与员工进行有效沟通；

5.既要负责，又要放手。

2.18 如何进行客户服务质量控制

工作场景描述

当想要对员工的客户服务质量进行考核和控制，以便减少客户投诉时，可查看。

解读与分析

有效监测客户服务质量是一件让管理者很头疼的事情。如何才能够有效地进行服务质量控制呢?

1.让员工参与服务质量监测

服务质量监测结果往往牵涉到员工的很多利益，例如工资、培训及人事变动等，因此，员工往往很看重这一结果。然而在很多企业中，往往由客户单方面撰写绩效考核意见，这可能会引发很多不良后果，例如员工只请感觉比较好的客户填写调查表，只上交意见较好的调查表等。员工对单方面的评定也可能不服气。

要想消除这些负面影响，最好的办法就是让员工参与绩效评定。企业可以在一段时间的服务活动结束后，向员工发放绩效评价问卷，让其对自身的绩效进行评估。这种问卷通常包括以下内容。

（1）对自己做整体评价。

（2）需要哪些方面的支持?

（3）目标是什么?怎样达成自己的目标?

企业如果采取这样的有效措施，会极大地改善员工对绩效考核的态度，减少不信任感。另外，这种交流有可能使管理者发现员工真实的一面，有助于其对员工做出更加准确、公正、全面的评价，从而得出比较准确的绩效考核结论。

2.利用统计过程进行监测

服务质量的监测一般需使用关键指标，通常需要展开调查，以识别问题原因并采取纠正措施。但是，有时服务质量的变化是由随机事件引起的或没有明确的原因，企业管理者一方面需要探明服务质量下降的根本原因，并减少不良服务造成的损失；另一方面，应尽量避免良好系统的不必要变化。同时，企业可以将相关指标综合起来，通过构建和使用质量控制流程，更直观地监测服务质量，方便排查随时可能出现的问题，做到及时发现、及时处理。

3.让客户参与监督控制

在客户服务质量控制的过程中，客户的因素虽然不是唯一决定性因素，却是至关重要的因素。如果客户对消费行为毫无知情权和决定权，往往会造成严重不良后果。例如，如果企业剥夺了客户监督控制的权利，那么在其他情况下原本可以忍受的拥挤和等待也会引起客户的强烈不满，从而给企业造成很大的损失。

在面对可感知的服务质量时，让客户对服务有一定的监督控制权力，往往是挽救危机的有效途径，也是提高服务质量的有力手段。

综上所述，让员工参与服务质量监测，利用统计过程进行监测和让客户参与监督控制，可以使企业对客户服务质量进行有效的控制，使企业的服务质量得到提升。

关键点提示

客户服务质量控制的方法有：

1.让员工参与服务质量监测；

2.利用统计过程进行监测；

3.让客户参与监督控制。

2.19 如何提高员工的士气

工作场景描述

当想要提高员工的士气时，可查看。

解读与分析

在企业中，如果员工缺乏士气，生产效率就会低下，员工“跳槽”率就会上升。提高士气能提高员工的工作效率，增强员工的工作满足感，使其更有效地为客户提供服务。提高员工士气有以下几个有效途径。

1.创造良好的工作环境

企业可以向设计师征询意见，看看室内环境应如何设计，才能在突出企业形象的同时，创造令人愉悦的环境，例如，选用何种地板或地毯，墙纸或油漆颜色是否理想，以创造良好的工作环境，给员工带来好心情。

2.降低噪音

噪音会引起员工紧张及注意力分散，提高注意力会提高人的创造力。降低噪音的最佳方法是安装隔音板。

3.为每位员工提供足够的工作空间

狭窄的空间让人紧张，引起心跳加速、血压上升，但宽敞的空间对企业而言意味着投资的增加。如果不能改变每个人周围的空间，至少可以保留一些宽敞、安静的地方，让员工有舒适的共享空间。这一空间也是员工在休息时加强沟通的好地方。

4.肯定员工的工作成就

把每位员工的工作成就告诉他们，将他们融入整个工作过程之中。这样员工就能够看到可计量的成果和对企业的贡献，使员工感到自己不再是旁观者，而是参与了整个企业的发展。另外，要对员工的贡献表示感谢，例如发一些荣誉证书给优秀的员工，这不仅能给员工带来自豪感，还能换来员工的忠心和高昂的士气。

5.建立良好的上下级关系

管理者的统治者形象会引发员工的不满，而尊重员工、给予员工充分的支持和信任有助于上下级关系的改善。

（1）分派任务时营造与员工一起奋斗的气氛，在工作中身先士卒、以身作则，可以对员工起到表率作用，增强员工的自信心和责任感。

（2）分发不署名的意见征询表，征求员工的建议和意见。

（3）组织团建活动，鼓励参与，例如野炊、球类比赛、歌咏会等，以联络员工的感情。

（4）提供对员工家庭的关心和帮助，如灵活的工作时间或在家远程办公等。

（5）充当积极的聆听者，及时了解员工的需求，让员工知道企业在为他们分忧解难。

总之，提高员工的士气对提高劳动生产率，提升企业的整体形象，增强客户满意度大有裨益，管理者应该想尽办法提高员工的士气。

关键点提示

提高员工士气的方法：

1.创造良好的工作环境；

2.降低噪音；

3.为每位员工提供足够的工作空间；

4.肯定员工的工作成就；

5.建立良好的上下级关系。

2.20 如何最大限度地发挥员工的潜力

工作场景描述

当想要最大限度地发挥员工的潜力时，可查看。

解读与分析

如何最大限度地发挥员工的潜力一直困扰着工商业人士和管理顾问。员工之所以没发挥出最大潜力，是因为他们认为企业并不期望他们将最大潜力发挥出来。他们额外的努力没有得到欣赏和鼓励。企业可以从以下三个方面来挖掘员工的潜力。

1.赋予员工责任

赋予员工责任，即让员工把工作当作荣誉和幸福的来源。当其负有责任时，对工作的参与感就会增强，并且能够获得一种满足感。员工在这种心理状态下会把工作做得更好。

以下是增强员工责任心的几种方法。

（1）让他们负责某项工作，以表示对他们能力的信任。

（2）明确对质量的要求。让员工知道工作应达到的质量标准，为他们提供所需的各方面的支持。

（3）从客户服务的角度向他们讲清楚，他们的工作将会给企业和其他员工带来的正面或负面影响。

（4）限定他们的权力范围。一定要明确限定员工的权力范围，以便他们能在权力范围内发挥最大的潜力。

当一个人拥有权力时，就应该尊重他的权力。如果把某项任务交给了员工，就不应该干涉太多。如果总是不断地对他们进行监督，管理者保留自己做决定的权力或员工做了决定后还要再次审查，那么只会让员工觉得企业对他们不信任。

2.肯定员工的成绩

信任是最高的赞美和鼓励。如果员工感受不到来自管理者的信任，那么在工作时便不会不遗余力地出色完成工作。每个人都希望自己的劳动被别人肯定，承认员工工作干得很出色的方法如下。

（1）将客户赞扬员工热情服务的表扬信张贴出来。

（2）让最出色的员工介绍他的方法和经验。

（3）给出色的员工提供额外的受教育机会。员工的再学习最终受益的仍是企业。

（4）在企业内刊上刊登客户服务的范例，组织学习典型范例。

3.适当给予奖励

当然，员工工作出色应得到经济上的奖励。奖励应该与业绩联系起来，否则有可能使员工产生负面情绪，甚至辞职离开。下面是一些奖励办法。

（1）把物质奖励（如奖金）和实际绩效联系起来。

（2）明确说明什么样的绩效可以得到什么样的奖励，达不到标准者，不会受到奖励。

（3）当成绩是小组成员共同努力的结果时，则应奖励该小组。

总之，要想最大限度地发挥员工的潜力，首先要赋予员工一定的责任，在工作中信任他们，充分肯定他们的成绩，并且应采用适当的方式给予一定的奖励，这样，员工的潜力和积极性就会得到激发。

关键点提示

最大限度地发挥员工的潜力的方法：

1.赋予员工责任；

2.肯定员工的成绩；

3.适当给予奖励。

第3章

客户个性化服务常见问题

个性化服务是指客户服务人员在对客户的性格、文化背景等个性化信息充分了解的基础上，使用一些有针对性的客户服务技巧及沟通方法。要想做好个性化服务，客户服务人员需要在日常工作中不断地练习，它是一个不断提升的过程。

3.1　如何成功地打造开场白

工作场景描述

当想要唤起客户的兴趣时，可查看。

解读与分析

适当地开始谈话是成功的前提条件。要想成功地打造开场白，客户服务人员需注意以下几点。

1.友好问候

友好的问候可以把客户引导到友善的气氛中。

2.自我介绍

与客户接触时要进行自我介绍，以示对对方的尊重，同时也是在树立企业的形象。只有注重自我介绍的人才是重视与别人谈话的人。

3.引发兴趣

下面举一个生活中的例子来进行说明。

丈夫：我期待着圣诞节的到来！

妻子：为什么？

丈夫：那时，我很想看到你的眼睛！

妻子：为什么？

丈夫：因为我想看到，当你打开给你的礼品时，你的眼睛会放什么光！

妻子：你给我送了什么特别的礼物？

丈夫：等着看吧。

可以想象，这段对话会成功激发这位妻子的好奇心。把这种做法用在销售谈话中，也能引发客户的兴趣。

4.接受客户提供的帮助

永远不要拒绝客户提供的一些帮助，否则客户会逐渐停止提供帮助。客户服务人员应接受这些友好的姿态，接受客户的帮助。

5.郑重交换名片

跟客户交换名片时要把名片认真地拿在手上，这是对自己也是对客户的尊重。不要将客户的名片随意丢在桌子上，也不要时刻拿在手里。

6.使用尊称

称谓是谈话的基础。使用“您”等敬语能使客户感受到客户服务人员的尊敬。

关键点提示

成功地打造开场白需注意：

1.友好问候；

2.自我介绍；

3.引发兴趣；

4.接受客户提供的帮助；

5.郑重交换名片；

6.使用尊称。

3.2 如何寻找话题展开交流

工作场景描述

当想要寻找话题与客户展开交流，消除客户的陌生感时，可查看。

解读与分析

在建立客户关系之前，寻找一个合适的话题与客户展开交流非常重要，这是与客户的谈话能否进行下去的前提和关键。客户服务人员应遵循以下原则，展开与客户的交流。

1.寻找客户的兴趣点

通常，客户服务人员会这样问客户："有什么我可以帮忙的吗？""要我帮您什么吗？"这样问也无可厚非，但是如果客户回答"不用了，谢谢！"，这个话题就会中断。这种情况下，客户服务人员只好走开，还会感到有些尴尬。

因此，客户服务人员应该寻找一些兴趣点来打开客户的话匣子，例如："我发现您好像特别在意衣服上的金属元素。"客户很可能会围绕这个话题与客户服务人员进行深入交流。客户在试用货品时，客户服务人员要留意他的反应，做出适当的回应，这是与客户展开对话的关键。

2.结合客户的个性和情绪展开交流

在谈话过程中，客户服务人员要根据客户的个性和情绪选择谈话内容和方式。例如，对方害羞保守，就不要好像和他很熟似的谈话；对于较为外向的客户，幽默也不要表现得太过分。不要过早给客户太多关注，否则会让客户感到不自在。要通过提供个性化服务让客户知道，客户服务人员会以他喜欢的方式去帮助他。

3.给客户留一定的空间

客户服务人员在为客户服务的过程中，要留给客户一定的空间，让其可以轻松地浏览货品。

4.招呼客户的同行者

对于与客户同行的人，客户服务人员也要礼貌待之，一视同仁。例如，在与客户交谈时，客户服务人员可以让他的同行者翻翻企业的资料，一方面可以让同行者打发时间，不致因为等待而烦躁不安；另一方面，可以给企业做一次免费宣传。

总之，寻找话题与客户展开交谈，可以拉近彼此之间的关系，为业务的开展打下良好的基础。

关键点提示

寻找话题的方法有：

1.寻找客户的兴趣点；

2.结合客户的个性和情绪展开交流；

3.给客户留一定的空间；

4.招呼客户的同行者。

3.3 如何问可延续对话的问题

工作场景描述

当想要让客户打开话匣子，以便掌握更多的客户信息时，可查看。

解读与分析

向客户提问，客户可能会告诉客户服务人员他们是怎么想的，但不一定会说为什么这么想。因此，要掌握好发问的技巧，多问可延续对话的问题，诱导客户说出更多信息，以进一步了解他们的需要。

1.注意声调、语气

客户服务人员在开口问话之前，一定要先想好是否真想帮助客户。客户服务人员如果只是想公事公办，或者应付了事，那么，最好不要开口发问，脸上带着冷漠的表情，有再好的提问技巧也没用。

客户服务人员提问时，要注意声调，不要让客户感觉客户服务人员在质问他，或者对他表示怀疑。

2.少问封闭式问题

如果客户服务人员只问客户封闭式问题，所获得的信息量可能会很少。客户服务人员或许会知道客户想要什么或不想要什么，但不知道原因。

3.多问调查性问题

如果客户服务人员能提出适当的问题，就能找出客户购物的动机，从而增加满足客户需要、售出货品的机会。客户服务人员可以多问些调查性的问题，以找出客户的喜好和需要。如果客户服务人员想获得更多的客户信息，最好的办法是不断地提问。可延续对话的调查性问题如下。

（1）您是给哪位买的？

（2）您看过我们银行新业务的介绍吗？

（3）您想了解更便捷的新业务吗？

（4）是哪位向您介绍本店的？

（5）您要找什么东西？

（6）那个特别的日子是什么？

（7）您在哪里见过？

（8）您会把它用在什么地方？

（9）您打算什么时候用它？

（10）您用的是什么牌子？

（11）为什么您需要这个型号？

（12）您现在用哪一款冰箱？

（13）您通常喜欢购买哪个系列的服装？

4.问有关客户信息的问题

这些问题一般在对话的开头问，目的是获得解决问题所需要的信息，例如客户的姓名、联系方式等。

5.问一些额外问题

这是与客户交往时最好问的问题，如询问客户还有什么其他的要求，这种问题能使客户感觉到客户服务人员很认真地在为他服务。

6.要讲究分寸

客户服务人员要知道什么问题不可以问，有些问题不但会令客户做出终止对话的回应，更会使客户服务人员失去再次提供服务的机会——客户不会再来了。例如，“对我们企业，或对我们提供的服务，您哪里不喜欢？”问这样的问题，等于向客户承认他的选择是错的。还有，不要问客户在看到产品或了解产品的性能之前就一定要做出决定的问题，例如“我们银行有四种银行卡，您办哪一种？”“这种机器有三种颜色，您要哪一种？”

总之，在与客户交谈时，客户服务人员应该想办法多问一些可延续对话的问题，这样可以使双方的谈话继续进行下去，不致陷入僵局，也可以从客户那里获得更多的需求信息。

关键点提示

延续对话的做法有：

1.注意声调、语气；

2.少问封闭式问题；

3.多问调查性问题；

4.问有关客户信息的问题；

5.问一些额外问题；

6.要讲究分寸。

3.4 如何专业地介绍自己的产品

工作场景描述

当想要让客户对产品感兴趣时，可查看。

解读与分析

客户服务人员要想客户购买自己的产品，必须使客户对自己的产品有所了解，这是促成客户购买的前提和关键。所以在客户购买之前，客户服务人员专业地向客户介绍自己的产品非常重要。

1.对产品了如指掌并发自内心地喜欢

只有对产品了如指掌，客户服务人员才能流利地向客户介绍。

客户服务人员要发自内心地喜欢自己的产品。只有喜欢自己的产品，在讲解时才能让它具有生命力，讲解才会更有说服力。

2.做好产品演示的准备

在介绍产品之前，客户服务人员必须做好演示的准备，在每一次的产品介绍前都得先确定：想介绍什么？怎么介绍？以什么顺序？怎样才能给客户留下深刻的印象？

3.条理清楚、符合逻辑

产品介绍的整个过程要条理清楚、符合逻辑。操作、使用必须简单易学，能够使客户在产生兴趣后立刻进行操作。换言之，客户服务人员要通过系统介绍，使客户学会如何使用产品。

4.有明确的目标

为了达到让客户购买的目的，客户服务人员必须使客户对产品产生兴趣，所以，产品介绍要有明确的目标，那就是：使客户产生购买欲望。

5.产品介绍内容必须烂熟于心

在介绍前，客户服务人员必须对要介绍的内容烂熟于心，否则很难打动客户。

6.以客户的兴趣为中心，吸引客户注意

在介绍产品之前，客户服务人员要对客户想了解什么做基本的分析，这样才能有针对性地介绍产品。产品演示要以客户的兴趣为中心，吸引客户的注意力，尽量多演示，少说话。

7.简单易记

产品介绍的内容必须让客户理解和记住，否则为无效的产品介绍。介绍要简明扼要，要有条理。对讲过的内容，客户服务人员最好要确认客户是否已经明白并记住。

如果可能的话，客户服务人员可以利用一些引人注意的辅助资料来充实自己的论证内容。大多数的客户都不是专业的，也不太了解企业的产品。要想打动客户，客户服务

人员必须通过产品介绍让客户知道怎么使用和操作，让客户知道购买产品以后能带来哪些好处。

8.调动客户的积极性

调动客户的积极性是激发客户购买的关键，一个积极性不高的人是不会购买产品的。这就需要客户服务人员在介绍产品时，想方设法地从客户的需要出发，调动他们的购买积极性。

总之，产品介绍对促成客户购买非常关键。恰当的介绍不仅能使客户更快地了解产品的性能，掌握其使用方法，而且能促使犹豫的客户早下决心。但是，如果产品介绍含糊不清或夸大其词，那就会弄巧成拙，只能收到相反的效果。

关键点提示

产品介绍的关键点有：

1.对产品了如指掌并发自内心地喜欢；

2.做好产品演示的准备；

3.条理清楚、符合逻辑；

4.有明确的目标；

5.产品介绍内容必须烂熟于心；

6.以客户的兴趣为中心，吸引客户注意；

7.简单易记；

8.调动客户的积极性。

3.5　如何进行电话预约

工作场景描述

当想要成功地进行电话预约时，可查看。

解读与分析

对电话沟通恐惧的客户服务人员绝不可能取得电话预约的成功。客户服务人员要用积极、自信、乐观的态度进行电话沟通，这样才会预约成功。

1.做好准备

进行电话预约之前，客户服务人员必须做好准备，弄清楚如下内容。

（1）准备给谁打电话？

（2）怎样介绍自己？

（3）如何说明打电话的目的？

（4）怎样唤起对方的好奇心？

（5）让对方接受的理由是什么？

（6）如何建议会面？

（7）怎样结束通话？

（8）什么时候拜访对方？

2.有明确的目的

电话预约的目的是约见对方，确定会面的时间和地点。如果在电话里大肆介绍或阐述，会面就显得多余了。因此，预约时要尽快提出会面的建议，而且只提出会面的建议。只有目的明确，才能加快成功步伐，否则会让客户很快丧失兴致。

3.掌握电话礼仪

电话沟通是通过声音、语言来传递信息的。客户会据此对客户服务人员形成印象，会下意识地做出判断。要想给客户留下良好的印象，客户服务人员必须掌握相关的电话礼仪：应使自己保持全神贯注（挺直身子，熟记开场白、结尾词和提纲草稿等）；要保持微笑，让对方能够听到自己的笑声；有力、热情地问候对方（愉快的声音能带来好情绪）。

4.找到负责人

有时候并非那么容易就能找到负责人并与之通话，一开始客户服务人员就应该不断地询问“负责人是哪位”这个问题，例如“张先生，是您亲自负责维修有关事宜吗？”，他或许会做肯定回答，或许会介绍他人。

一旦找到了合适的通话对象，客户服务人员应立即以快乐而自信的口吻向其打招呼，例如“王先生，我能与您本人通话真是太棒了！”，这样会使通话对象快乐并感到受重视。

5.强调能给客户带来的好处

多数情况下，客户如果不能立即看到产品或服务给他们带来的好处，会下意识地产生抗拒心理。因此，要强调产品或服务能给客户带来的好处，这样才能激发他们的兴趣。

6.提出会面要求

如果客户对产品或服务感兴趣，客户服务人员要不失时机地用建议的方式提出会面要求。

7.处理预约异议

有些客户服务人员害怕听到客户的异议，实际上如果客户方面没有异议，就根本不需要客户服务人员了。因此，主动地着手应答异议是明智的做法。

预约过程中客户的异议和借口有时来自对新事物的担忧。客户服务人员应理解客户的担心，并从异议中找到会面的必要性。

对此，客户服务人员应该训练有素地正确回应客户的异议和疑问，从而使会面在客户心目中变得有必要。

8.成功预约并会见

预约成功之后，接下来的是会面，也就是拜访。拜访要准时，客户服务人员应告诉客户已预约好了几点会面并且会准时到场，并告知行程距离等。如有可能，客户服务人员要尝试询问客户能否提供合适的停车位，如果能得到客户的帮助，意味着客户服务人员已获得了某种特权，有助于会谈成功。

客户服务人员应提前一天打电话提醒客户会面的相关事宜，这对双方都很有好处。倘若客户服务人员的首次拜访不能成行，无论如何需提前半个小时电话告知客户。

电话预约的目的一定要十分明确，不能交谈过长时间，否则就不是预约了，失去了它原本的意义和价值。

关键点提示

进行电话预约时需要注意：

1.做好准备；

2.有明确的目的；

3.掌握电话礼仪；

4.找到负责人；

5.强调能给客户带来的好处；

6.提出会面要求；

7.处理预约异议；

8.成功预约并会见。

3.6　如何接待不同客户

工作场景描述

当想要掌握接待不同客户的技巧时，可查看。

解读与分析

接待客户的方法要因人而异。客户服务人员每天要接待各种各样的客户，要想让他们高兴而来，满意而归，要采用灵活多样的接待技巧。接待不同身份、不同爱好客户的方法如下。

1.对新客户要注意礼貌

接待新客户时要注意礼貌，以给其留下良好的第一印象。

2.对老客户要热情

接待熟悉的老客户时要热情，要让他们有如遇故友的感觉。

3.对性急的客户要快捷

接待性子急或有急事的客户时，要交流简洁、行动迅速，不要影响客户情绪或让他们因购物而误事。

4.对精明的客户要有耐心

接待精明的客户时，要有耐心，不要显现出厌烦情绪。

5.对女性客户要突出时尚、美感

接待女性客户时，要着重推荐时尚、漂亮的产品，满足她们求新、爱美的心态。

6.对老年客户要突出方便和实用

接待老年客户时，要突出产品的方便和实用，要让他们感到价格公道、实在。

7.对需要参谋的客户不要推诿

接待需要参谋的客户时，要当好他们的参谋，不要推诿。

8.对有主张的客户不要去打扰

接待有主张的客户时，要让其自由挑选，不要去干扰他们。

以上几种方法是针对不同客户提出的，客户服务人员可以根据上述技巧去接待不同的客户。

关键点提示

接待不同客户的技巧有：

1.对新客户要注意礼貌；

2.对老客户要热情；

3.对性急的客户要快捷；

关键点提示

4.对精明的客户要有耐心；

5.对女性客户要突出时尚、美感；

6.对老年客户要突出方便和实用；

7.对需要参谋的客户不要推诿；

8.对有主张的客户不要去打扰。

3.7　如何针对不同客户采取相应策略

工作场景描述

当想要掌握针对不同客户采取相应策略的方法时，可查看。

解读与分析

根据行为模式，客户分为四种类型：要求型、影响型、稳定型、恭顺型。以下分别介绍针对这四种类型客户可采取的策略。

1.要求型客户

（1）特点。

在要求型客户的言谈中，其爱好展露无遗。他们对自己的身份很敏感，购买商品时，一般挑最好的。他们更愿意与了解他们、坚定且自信的人打交道。

（2）交往策略。

①身体语言：握手时一定要有力，眼睛正视对方，身体稍微靠前，保持应有的距离。

②交谈：嗓音洪亮，口齿清楚；讲话时要自信、直接，节奏要快；有所准备，安排有序，抓住主要问题；注重事实，提供的事实有逻辑性。

2.影响型客户

（1）特点。

健谈，热情洋溢，富有魅力，非常乐观，有说服力，有鼓舞力，对人非常信任，与人谈话的时候脸上总是带着微笑。

（2）交往策略。

①身体语言：面带微笑，站或坐得近一点；行动要快速，可以借助手势；打电话时，应把积极情绪传递过去。

②交谈：要富有表情，言语间要显示出友好、热情、精力充沛、有说服力；语调要有高低变化，语言要生动而富有色彩；交谈中要给他们充分的时间，让他们畅谈自己的想法。

3.稳定型客户

（1）特点。

有耐心，随和，有逻辑性和条理性，他们讨厌变化，一般比较忠诚，乐于为他人提供帮助。

（2）交往策略。

①身体语言：站在他们面前时，姿势要放松，身体靠后，不要轻易采取行动；手势的幅度要小，要创造一种安静的气氛。

②交谈：语调应温和、镇定、平静，音量要低，语速要慢，显得略有所思；行动要稳定且有节奏，尽量减少变动。

4.恭顺型客户

（1）特点。

他们是完美主义者，希望一切都是精确的、有条理的、准确无误的。他们天性认真，做事讲究谋略。

（2）交往策略。

①身体语言：不要有任何的身体接触，也不要靠他们太近；眼睛与之对视，少用或不用手势；站立时，身体的支撑部位要放在脚后跟上。

②交谈：语调要有所控制，不要起伏太大，讲话要直接而简洁，讲话的速度要慢且

要考虑他们的需要；所做出的行动要经过深思熟虑。

一位周到的客户服务人员，要针对不同的客户采用不同的服务方式，越是为客户着想，就越能得到客户的理解，客户也就越满意。

关键点提示

这四种类型客户的特征为：

1.要求型客户——希望马上得到他们想要的东西；

2.影响型客户——希望得到承认；

3.稳定型客户——不希望看到变化；

4.恭顺型客户——希望确保一切能照章行事。

3.8　如何为男性客户提供优质服务

工作场景描述

当想要掌握男性客户的购买心理、赢得他们的信赖时，可查看。

解读与分析

不同年龄阶段的男性客户有不同的特点，如何针对他们的特点提供合适的服务呢？客户服务人员可以参考以下做法。

1.单身中青年男性——创造个性化的购物方式

单身中青年男性具有猎奇、追求时尚、个性化和易冲动的心理特征，因此，客户服务人员在为其提供服务时应创造既新奇又刺激的消费需求，同时满足他们追求美、品位高、爱时尚的需要，创造个性化的购物方式。有些男青年为了追求以上目标，即使产品价格再高也不在乎。

2.已婚中青年男性——营造艺术化、趣味性和富有浪漫色彩的购物氛围

已婚中青年男性具有追求实用性、超前性、艺术趣味性等消费心理，客户服务人员应把握他们普遍追求实用性、购买量大、购买时间集中的购物特点，营造艺术性、趣味性和富有浪漫色彩的购物氛围。

3.老年男性——提供耐心、周到的服务

老年男性客户惯性思维强，对老字号、驰名商标崇拜度高，客户服务人员应把握好老年男性的该心理。除此之外，老年男性客户理智，购物以实用方便为主，反感华而不实。

老年男性客户对新产品的性能、特点及质量的稳定性带有种种疑问，希望得到客户服务人员耐心的解释及良好的服务。他们购物时观察时间长，动作迟缓，经常提出试探性问题。因此，客户服务人员应向这类客户提供更贴心的服务。

另外，老年人害怕孤独，心理脆弱，渴望得到社会和家人的尊重和关注。因此，企业可将“情”字贯穿营销活动的始终，友好亲切，以真情赢得老年男性客户的信赖。

男性客户在购物时共同的消费心理表现如下。

（1）果断。所购买的商品多为“硬性商品”、大宗商品。

（2）自尊心强。稍有社会地位的男性客户自尊心更强。

（3）怕麻烦，力求方便。

总之，男性客户是消费的一大群体，针对不同的男性客户，客户服务人员要采取不同的策略。

关键点提示

为不同男性客户提供优质服务的措施有：

1.为单身中青年男性创造个性化的购物方式；

2.为已婚中青年男性营造艺术化、趣味性和富有浪漫色彩的购物氛围；

3.为老年男性提供耐心、周到的服务。

3.9　如何为女性客户提供优质服务

> 工作场景描述
>
> 当想要掌握女性客户的购买心理，赢得她们的信赖时，可查看。

解读与分析

据统计，由女性做主或受女性影响的购买行为占消费总量的80%以上。针对女性客户的消费行为特征，客户服务人员可以采取以下策略。

①摸清女性客户的购买意图，服务要周到耐心，介绍产品时要详细全面，尽可能满足她们的挑选要求，尽可能多给她们时间考虑。同时，也要针对她们的犹豫和疑虑，做出适当的解释，以帮助她们做出购买的决定。

②由于女性有较强的自我意识，较敏感，容易被现场购买气氛左右，注重商店环境、营业员或商品的“第一印象”，因此，相关人员在商品陈列、店内采光、照明设置、广告宣传、色彩运用及装潢设计等方面要精心安排，布置得当，设计合理。尤其是经营女性用品的商店，陈设布置要典雅、温馨，富有浪漫情趣，以烘托现场购物气氛，吸引女性客户购买。

③不要欺骗女性客户，也不要以过分严谨、保守的态度去应付她们。

④女性具有丰富的想象力，广告语不妨适当修饰。女性客户对喜欢的东西很难彻底舍弃，在感情的表达上多是坦率的，潜意识里喜欢被引导和带领。

让女性承认自己眼光不够，选择错误，可能会引起他们的反感。

女性客户的消费表现有如下几种。

①追求时尚。

②重实用。

③购物精打细算。

④购买目标模糊。

⑤购买后感到遗憾的可能性较大。易受外界影响，甚至产生退货、换货的行为。

⑥渴望得到他人认可和赞扬，对外界反应敏感。

总之，女性客户是消费的一大群体，有一定的消费特点，企业可以根据女性客户的特点为其提供服务。

关键点提示

为女性客户提供良好服务的措施有：

1.摸清女性客户的购买意图；

2.注意环境的烘托；

3.不要欺骗、应付女性客户；

4.适当修饰广告语，以满足女性客户的想象。

3.10 如何为沉默型的客户提供服务

工作场景描述

当想要从沉默寡言的客户身上捕捉到他们的购买意图时，可查看。

解读与分析

沉默型客户也可称为“非社交型客户”，他们沉默寡言，在社交中属于聆听者，不轻易发表自己的观点，也不轻易批驳对方的观点。对待这种客户，客户服务人员可以采取以下方式。

1.诱导法

对沉默型客户，客户服务人员可以采用诱导法。对性格内向型客户，客户服务人员可以不断地向对方提问，诱导对方不得不回答客户服务人员的问题。只要对方开口，客户服务人员就可根据他们的回答来应对。对顽固型客户，客户服务人员可以不停地劝诱对方，而不用管对方的态度，例如可以说："怎么样？价钱很便宜，跟白送一样，您来多少？"

2.以沉默应对沉默

对待这类客户，客户服务人员不妨采用以沉默应对沉默的方式。对方沉默，客户服务人员也沉默。这样一来，对方不得不开口说话，一旦开口，客户服务人员就前进了一步，接下去就可以施展自己的才能，使对方顺应客户服务人员的提议了。

3.捕捉对方的真实意图

能否成功地与这类客户进行交易，关键看客户服务人员能否捕捉到对方的真实意图。知己知彼，百战不殆。掌握对方心理是制胜的重要保证。那么，客户服务人员要如何捕捉他们的真实意图呢？

由于这类客户几乎不开口，客户服务人员很难从他们的话语里打探到什么，唯一的方式就是"察言观色"，通过对客户的表情、举动进行研究，捕获那些暗藏在他们"身体语言"中的信息。

4.循循善诱，让对方打开心扉

对于不爱说话的客户，要循循善诱。客户服务人员应针对客户关心的事情去询问他们的意见，热心地表达同情和理解，这可以让客户消除购买时的警戒心理，愉快地与客户服务人员交谈、签约。但客户服务人员在实际工作中要把握如下两点。

（1）沉默型客户的消费心理分析。

①拙于"交谈"。

②不想张嘴，怕张嘴。自我保护意识较强。

③用"说话"以外的形体动作来表达心意。

（2）客户不爱讲话一般不外乎以下原因。

①怕人笑话。

②不想让别人知道自己的底细，不愿多说。

③天生如此。

④对对方的印象不佳。

⑤没有购买欲。

总之，要想为沉默型客户提供其所需的产品或服务，最关键的是诱导他们开口，当然也可以通过察言观色捕捉他们的购买意图。

关键点提示

对待沉默型的客户，客户服务人员可以采取以下方式：

1.诱导法；

2.以沉默应对沉默；

3.捕捉对方的真实意图；

4.循循善诱，让对方打开心扉。

3.11 如何接待喋喋不休型的客户

工作场景描述

当想要赢得喋喋不休型客户的满意时，可查看。

解读与分析

在客户服务工作中，有的客户很健谈。一般这种客户的谈话内容可分为两类：一类是对客户服务人员及产品或服务的驳斥与怀疑，将产品或服务批驳得一无是处；另一类是自我吹嘘，一有机会，他们就会抢过话头，以过来人的样子吹嘘自己，连带讽刺客户服务人员几句，言语咄咄逼人。对待这种客户，客户服务人员可以采取以下方法。

1.不怕苦，不胆怯

这种嘴上毫无遮拦、不藏心机、貌似难以对付的客户有时并没有什么恶意。接待这种客户时，要做到不怕苦，任他们反驳、讽刺，始终不露怯色，一脸风平浪静。另外，客户服务人员要清楚地阐述问题，确保他们能理解。

2.适当聆听，适时恭维

喋喋不休型的客户更愿意听恭维、称赞的话。客户服务人员可迎合他们的喜好，适当聆听，适时恭维。对待这种类型的客户，客户服务人员在沟通中听得越充分，称赞越到位，关系就会越近。但跟这种客户打交道时，一定要时时抓住交流的主动权，千万不要让对方把主动权夺走，要引导客户往自己的方向走。方法之一就是配合对方的愉快心情尽早地转入正题，以讲有趣故事的方式吸引对方，抓住主动权。健谈的人一般也都希望别人和他们一样侃侃而谈，幽默风趣。这样他们会觉得客户服务人员有意思，客户服务人员在拉近关系之后，下一步就该着重推销产品了。

3.严格限制交谈时间

对待这种类型的客户，要严格限制交谈时间，不要让他们过多地占用客户服务人员的时间，除非他们要买很多东西。

实践证明，客户买不买产品的想法并不会随着时间的推移而改变，其购买欲在交谈开始的几分钟内就已经确定。有时候，费上几小时的工夫也不见得有成效，这不仅打击客户服务人员的积极性，也耽误了客户服务人员同别的客户的交易。

喋喋不休型客户的消费心理分析如下。

（1）为一时之乐而畅所欲言，表现欲极强，凡事喜欢自作主张。

（2）寻求击败对方后获得的满足感。

（3）发泄内心的不满。爱提“当年勇”的人，现在一定处于低谷状态。

因此，客户服务人员对待喋喋不休型的客户时，要把握好交谈时间，既要让他们畅所欲言，又要严格限制谈话时间；在服务的过程中，要掌握主动权，讲究策略。

关键点提示

对待喋喋不休型客户的技巧：

1.不怕苦，不胆怯；

2.适当聆听，适时恭维；

3.严格限制交谈时间。

3.12 如何接待畏生型的客户

工作场景描述

当想要知道接待畏生型客户的方法时，可查看。

解读与分析

客户服务人员在客户服务工作中，会碰到这样一种人：他们畏畏缩缩，老是躲避人。畏生型客户是指对自己不熟悉的人有一种畏惧心理的客户。对待这类客户时，切记不要使客户产生高高在上、咄咄逼人的感觉。接待这类客户时，客户服务人员可以采取以下两种措施。

1.真诚付出

对待这类客户时，客户服务人员要真诚、热心。只有看到客户服务人员的真诚，对方才会将购买意愿转化为购买行动。

对畏生型客户，客户服务人员要恰当地给予鼓励，同时要善于营造谈话气氛，不能给他们造成高高在上、咄咄逼人的感觉，而应该从他们的角度出发，站在他们的立场上，将心比心，消除他们的自卑心理，这时他们心中的那堵“墙”自然就倒了。

2.不厌其烦，展开攻势

对待这类客户，客户服务人员要有韧性、不屈不挠。其实这类客户成交的希望还是很大的，不要轻易放弃。

对待那种急于逃脱的客户，没经验的客户服务人员会失去再度进攻的信心。不过当客户服务人员了解这类客户以后，就知道其实他们对产品并不讨厌。因此，除非他们十分讨厌客户服务人员，否则，客户服务人员完全可以在第一次接洽失败后，通过旁敲侧击的方式探得对方的喜好，换句话说就是要讨客户喜欢，使他们逐渐减少对客户服务人员的反感。当他们不再感到与客户服务人员交流是浪费时间时，客户服务人员就成功了。

一般地，畏生型客户的心理类型主要有以下两种。

（1）对自己的能力缺乏认识，低估自己。

（2）需要关怀照顾。这种人要么很害羞，要么很冷漠。

对待畏生型的客户，更需要不屈不挠的精神，要不厌其烦，充分展示客户服务人员的热心、诚意，多跟他们交谈、协商。只要客户服务人员表现出足够的诚意，他们一定会做出相应的反应。一旦他们的购买欲望被激发出来，就不怕交易不成功。

因此，对待畏生型的客户：一是要真诚付出，站在对方的角度，将心比心；二是要不厌其烦，展开攻势。

关键点提示

对待畏生型的客户，客户服务人员应做到：

1.真诚付出；

2.不厌其烦，展开攻势。

3.13 如何接待骄傲型的客户

工作场景描述

当想要掌握接待骄傲型客户的技巧时，可查看。

解读与分析

骄傲型客户给人的感觉是狂妄自大，瞧不起人，总是一副高人一等的样子。接待这种客户的办法如下。

1.及时疏导

骄傲自满的人个性很强，人一旦表现出妄自尊大，便会令旁人难以接受。如果旁人想阻止他，无异于火上浇油，他有可能因此变本加厉。

对于有骄傲行为的人，客户服务人员应及时疏导，放任他们狂妄自大，之后他们自然会偃旗息鼓，收敛言行。此时客户服务人员要抓住机会展开有效的沟通，及时推销产品或服务。

2.该说话时就说话

对待骄傲型客户，在关键时候，客户服务人员要毫不犹豫地向其推销企业的产品或服务。客户的心理状态在很大程度上影响着购买行为。此时借势推销，在他的虚荣心得到满足的同时，客户服务人员的推销成功率也会大增。

一般地，骄傲型客户的心理可以分为三类。

（1）第一类是自傲型，特点是狂妄自大，瞧不起人。

（2）第二类是掩盖内心空虚型。他们自信心不足，虚荣心较强，自以为本来就比别人强。

（3）第三类是自我显示型，特点是希望对方仔细观察自己，从而发现自己的过人之处。

总之，不要被骄傲型客户狂妄自大的样子所吓倒，在他们貌似强大的外表下面，有时是一颗脆弱的心。只要客户服务人员端正态度，及时疏导，再“强大”的对手也会被客户服务人员高质量的服务感动。

关键点提示

应对骄傲型客户的方法有：

1.及时疏导；

2.该说话时就说话。

3.14　如何为重视舆论型客户提供优质服务

工作场景描述

当想要激发重视舆论型客户的购买欲望时，可查看。

解读与分析

重视舆论型客户非常在意周围的人对产品的评价，他们的购买行为常为舆论所左右。对待这种人，主要可以采取如下办法。

1.展示产品良好的品质和功能

客户服务人员在遇到这类客户时，除了向其展示产品的良好品质和功能外，还要将产品销售以来受到的用户赞誉告诉他们，必要时还可将客户寄来的感谢信给他们看。

2.用自信的态度给予强有力的暗示

客户服务人员要用充满自信的积极态度，给这些客户强有力的正面暗示：买我的产品，保证没错。如果有名人购买过相关产品，可告诉他这一事实。

3.给他们看收到的好评

客户服务人员还可以向他们展示企业所获得的各种认证或奖励，例如获得ISO9000认证等，以增强客户的认同感。

总之，对待重视舆论型的客户，最好的办法是迎合他们的心理特点，给他们强有力的暗示和证明。

关键点提示

遇到重视舆论型客户，可以：

1.展示产品良好的品质和功能；

2.用自信的态度给予强有力的暗示；

3.给他们看收到的好评。

3.15 如何为不愿做听众型客户提供优质服务

工作场景描述

当想要让不愿做听众型客户满意时，可查看。

解读与分析

在为客户服务的过程中，客户服务人员会碰到这样一种人：不管客户服务人员怎么说，他们就是不爱听，摆出一副不以为然的样子。这种客户做任何事都要自己做决定，不愿他人在旁指手画脚，更不愿意按别人的意见去做。应对这种客户的方法如下。

1.投其所好，伺机交易

不愿做听众型客户要么会打断客户服务人员的话，要么对客户服务人员的话一点都不在意。这类客户又可以分为两种：一种自认为什么都知道，不愿听取别人的建议，往往会在客户服务人员讲话时频频打断；另一种根本就没有做别人听众的习惯，别人的话他们一句都听不进去，一副自负的样子。接待这两种客户的方法是：投其所好，伺机交易。他们愿意做什么就做什么，不要企图通过自己的言行影响他们。

2.让他们畅所欲言

接待这类客户，最好的办法就是让他们畅所欲言。他们不愿多听，故而客户服务人员说得越多，越容易招致他们的反感。因此，客户服务人员不妨让其畅所欲言，并在适当的时候表现出对他们的肯定，他们可能会出于感激，尽快终止自己的高谈阔论。实际上这种客户也是拙于言辞的人，虽然表面上夸夸其谈，但因其对产品并不十分了解，乱说一通后，也就没词了，所以只要客户服务人员能耐心地听下去，交易的成功率就会大大增加。

一般来说，不愿倾听的客户的心理大致有三种类型。

（1）自以为什么都懂，不愿意多听别人的话。

（2）自我陶醉。自尊心强、自负，天性容不得他人在自己面前指手画脚。

（3）不耐烦。这类客户往往比较急躁，或因太忙太累，没有精力顾及客户服务人员的话。

关键点提示

应对不愿做听众型客户的方法有：

1.投其所好，伺机交易；

2.让他们畅所欲言。

3.16　如何接待刁钻古怪型的客户

工作场景描述

当想要获得刁钻古怪型客户的满意时，可查看。

解读与分析

有些客户行为古怪，让人无法摸透他们心中到底在想什么。客户服务人员遇到刁钻古怪型客户时，应对方法主要如下。

①客户服务人员要毫不畏惧，不要被客户刁钻的样子吓倒。

②客户服务人员要摆出一副“热心听众”的姿态，抓住客户每一个露出破绽的地方，做出正确的判断。必要时插上一两句附和的话，或在客户服务人员认为出现破绽的地方问一句，然后观察他们的反应，看他们对客户服务人员的话表示肯定还是否定，从而做出判断。

③客户服务人员要对症下药，选择适当的方式与客户协商。要注意，不能慢慢吞吞、遮遮掩掩地同客户讨论，这会让他们觉得客户服务人员不够爽快。只要客户服务人员对他们表现得够爽快、够坦诚，他们就会接纳客户服务人员，继而他们那种希望与人坦诚相处的心理就会表现出来。

④对待这类客户，客户服务人员要讲究分寸，不可过分，否则一旦客户恼羞成怒，交易就很难进行下去了。

关键点提示

应对刁钻古怪型客户的方法有：

1.不要被客户的样子吓倒；

2.摆出一副“热心听众”的姿态；

3.选择适当的方式，对症下药；

4.讲究分寸。

3.17 如何接待挖苦型的客户

工作场景描述

当想要掌握接待挖苦型客户的方法时，可查看。

解读与分析

挖苦型客户天生喜欢挑刺儿，挖苦别人。对待他们的办法如下。

1.抓住客户的主要特征

客户服务人员在应对这种类型的客户时，要牢牢抓住这类客户的特征：自卑感特别强烈。他们千方百计去挖苦别人，完全源于他们内心深处的强烈自卑感。

2.不予反驳，做必要的附和

对于这一类客户，客户服务人员可以从了解他们的心态入手，体会他们那种无法言说的不满情绪。对于他们的讽刺挖苦，千万不可反驳，可做必要的附和。如此一来，交易便能顺利进行。

3.在不伤害自己尊严的前提下给予客户适当的肯定

这类客户虽然不好对付，但不应忘记他们也有和别人一样的想要某种东西的愿望。这类客户往往由于难以证明自己，因而得到肯定的愿望尤为强烈。对待这类客户的关键是客户服务人员在他们面前不能卑微，要在体现自己尊严的基础上给他们以适当的肯定。

一般地，挖苦型客户的心理如下。

（1）发泄内心的不满。

（2）不甘心。

（3）掩饰自己的弱点。他们一有机会便挖苦别人，但如果被别人抓住了弱点，就会不堪一击。

（4）自尊心特别强。

关键点提示

应对挖苦型客户的方法有：

1.抓住客户的主要特征；

2.不予反驳，做必要的附和；

3.在不伤害自己尊严的前提下给予客户适当的肯定。

3.18　如何为犹豫型的客户提供优质服务

工作场景描述

当想要让犹豫不决的客户尽快购买时，可查看。

解读与分析

在销售过程中，客户服务人员经常会碰到这样一种情况：客户对产品非常感兴趣，但一谈到买，会拿各种理由搪塞。眼看一笔生意要泡汤了，此时客户服务人员应怎么处理呢?

1.了解客户真正意图，对症下药

如果客户没有购买的意图，那么他会找借口推托。此时，如果客户服务人员进一步询问为什么不买，客户会局促不安，说话吞吞吐吐，含糊其词。对于这类客户，客户服务人员首先应给他们留下一个良好的印象，使他们产生与客户服务人员交流的兴趣，再借机推销产品。

如果有购买的意向，他们在说话时会流露出购买的诚意，如果不买，会带有一丝歉意，同时会说出具体理由。

为了探求客户不买的真正原因，客户服务人员可以采取以下几种方法。

（1）反问法，例如："您好像还有些顾虑，能告诉我为什么吗？"

（2）逆转法，例如："不着急购买，先看看再说，还是……"

（3）直接法，例如："您认为这件商品哪些方面不适合呢？"

（4）实例法，例如："这是××使用我们的产品以后的反馈信息。"

（5）否定法，例如："产品的品质，您不用担心。"

（6）资料法，例如："您一定会对此感到满意，请您再仔细看看这些参考资料……"

以上各种方法可以独立单一地使用，也可以综合运用。客户服务人员应设法将谈话的重点带到自己预期的方向上去。

2.对拿不定主意的客户，充当其参谋

有些客户犹豫不决，是个性使然，这种人往往没有主见。对拿不定主意的客户，客户服务人员应尽量帮他们拿定主意，充当他们的参谋。

针对拿不定主意、犹豫不决的客户的服务技巧如下。

（1）提供选择。常用问话方式有："您喜欢这种款式还是那种款式？""您喜欢超薄型的显示器还是非超薄的？""您打算买一个还是两个？"

（2）提出建议。例如，一位客户在挑选服装的时候问客户服务人员："白色的好看还是黑色的好看？"客户服务人员绝不能说"我喜欢黑色的，白色的不好看"，而应该说："两种颜色都不错，但黑色比较流行，也很适合您，您觉得黑色的是不是更好呢？"这样既巧妙地说出了自己的意见，又促使客户做出最后决定。

（3）削弱缺点。有的客户在挑选的时候会找出产品的缺点仔细琢磨，这会影响他们的购买决策。在这种情况下，客户服务人员不妨先承认这个缺点，再削弱该缺点，举例如下。

客户："我很喜欢这个手提电脑，就是太重了，携带不方便。"

客户服务人员："这种手提电脑的确比较重，这是您犹豫不决的唯一原因吗？"

客户："是的。"

客户服务人员："这种型号的手提电脑是重了一点，但它的配置比较高，如果您是以家用为主而不经常携带的话，我觉得还是比较适合的。"

客户："的确是这样，谢谢！"

（4）把握最后的销售机会。举例如下。

客户："我很喜欢这件衣服，不过我想再到别的商店转转。"

客户服务人员："这种款式比较畅销，存货不多了，我看您很喜欢，穿上的感觉好吗？"

客户："好是好，就是……"

客户服务人员："假如您先到别处看看，回来时恐怕已经被别人买光了，那您肯定会感到遗憾的。"

这样往往可以促使客户尽快采取购买行动。

（5）奖励刺激。额外的奖励比降价出售要好得多。降价表明产品不是最好的，奖励则可使客户产生完全不同的心理感受。

一般地，客户在柜台前在"买"与"不买"之间犹豫，有以下几种可能。

（1）替别人购物，自己满意，怕别人不中意。

（2）选购非生活必需品，决心不够。

（3）缺乏购物经验，对商品质量将信将疑，害怕上当。

（4）受他人怂恿，不好推托，自己尚未下决心。

（5）生活节俭，选购时持审慎甚至挑剔态度。

（6）性格原因，优柔寡断，遇事自己拿不定主意。

（7）购买能力有限，经济收入有限或家庭经济负担较重。

（8）不满意商品质量，却又是急需品，导致反复掂量。

（9）缺少独立购物能力，经济上不独立，经济支配权较小；平时独立生活能力差，无主见或做不了主。

总之，在为客户服务的过程中，一定要摸清客户的购买意图。如果客户有购买的动机，但却犹豫不决，一定要想办法让其尽快购买。

关键点提示

对待犹豫不决型客户时，应：

1.了解客户真正意图，对症下药；

2.对拿不定主意的客户，充当其参谋。

3.19 如何接待“冰山”型的客户

工作场景描述

当想要使面前的“冰山”融化，让服务取得成功时，可查看。

解读与分析

在客户服务工作过程中，客户服务人员有时会碰到一些外表很冷漠的客户。他们冷若冰霜，让人退避三舍，如同一座难以融化的“冰山”。这种客户不愿意听别人的话，更不愿意跟客户服务人员交谈，总是给人一种拒人于千里之外的感觉。客户服务人员无法揣摩他们到底在想什么，更难以捕捉他们的意图。碰到这种客户时，应对办法如下。

①寻找恰当方式，激发客户的热情。客户服务人员可以千方百计博得对方好感。这类客户一旦对客户服务人员产生好感，就会对客户服务人员敞开心扉。

②对待这种客户，不要希望一举成功，客户服务人员要循序渐进，主动向对方展开攻势；要百折不挠，即使一时遇到挫折，也不要一蹶不振。

③将心比心，客户服务人员应从客户的角度出发，真正做到为客户着想，只要肯下

功夫，就能融化这座“冰山”。

④通过观察对方的举止，捕捉其意图。既然对方不愿意开口说话，客户服务人员就要通过举止分析其内心想法。

一般地，“冰山”型客户有三种心理表现。

①外冷内热。

②自我定型的“极冷”。这类人常常急需向人表露他们“冷”的另一面。

③里外不一。有一类人感情越丰富，越易显出漠然。只要客户服务人员热心、主动地与他们沟通，他们就会撤去伪装。

总之，对待这种“冰山”型客户的方针是“明知山有虎，偏向虎山行”。只要肯下功夫，“冰山”一定会被客户服务人员融化。

关键点提示

接待“冰山”型客户的方法如下：

1.寻找恰当方式，诱导客户敞开心扉；

2.循序渐进，百折不挠；

3.将心比心，为对方着想；

4.观察其举止，剖析其内心。

3.20　如何为爱追问型的客户提供服务

工作场景描述

当想要掌握接待爱追问型客户的方法时，可查看。

解读与分析

在客户服务工作中，有些客户特别喜欢“打破砂锅问到底”。他们喜欢与客户服务人员争个没完没了。即使客户服务人员在辩论方面胜他一筹，但是在交易方面，客户服务人员仍会是一位失败者。对待这种客户时，客户服务人员可以采取如下办法。

1.做最好的听众

客户服务人员在应对这类客户时，最好的办法是把自己当作最好的听众。这类客户往往夸夸其谈，大讲特讲，这时要仔细地倾听，让对方尽情地倾诉，说得越多越好。这样一来，他们就会认为客户服务人员是一位知情达理的工作人员，会觉得交流畅快，好像遇到了知音。这样双方可能会越谈越投机，生意自然会做成。

2.做必要的附和

客户服务人员接待这类客户时，必须全盘“接收”他们所说的，同时做必要的附和，让他们觉得客户服务人员认同他们的观点。如果他们向客户服务人员提问，客户服务人员应该言简意赅地准确回答，不可多说。

3.百问百答

应对这种爱刨根问底的客户时，总的策略是百问百答。这类客户其实又可细分为以下四类。

（1）好奇心重。这类客户有很强的好奇心，对于自己感觉奇特和新鲜的事总要问个不停。他们不太重视事实，只要让其对事情产生认同感，他们就会觉得很满足。

（2）喜欢探究自己所关心的事。对这类客户，客户服务人员必须用科学的证据证明事实。

（3）本性喜欢追究又爱聊天。对于这类客户，客户服务人员要注重强调交货的方式、保养和优惠条件等，同时，应多讲些市场动态和一些用户使用后对此产品的好评，这会促使交易完成。

（4）喜欢追根究底弄个明白，生怕自己上当受骗。这种类型的客户大多具有自卑感。

对于这种类型的客户，客户服务人员要特别小心。产品的特性或效用方面的介绍对于他们而言可能吸引力不大，重要的是要介绍企业悠久的历史、产品在市场上的知名度以及有哪些名人在使用该产品等等。在获取客户对企业及产品的信任的同时，客户服务人员要不失时机地夸赞客户很有鉴赏力。

关键点提示

接待爱追问型客户的技巧如下：

1.做最好的听众；

2.做必要的附和；

3.百问百答。

3.21　如何为忠厚老实型的客户提供服务

工作场景描述

当想激发忠厚老实型客户的购买欲望时，可查看。

解读与分析

忠厚老实型客户个性腼腆、害羞，比较老实，心计较少。这类客户一般不会开口拒绝，客户服务人员接待这类客户时应做到以下两点。

1.真诚热情

客户服务人员可抓住这类客户不常开口拒绝的性格特征，让其购买。只要这次购买对他有利或者让他觉得没被骗，他就会成为回头客，因为他对客户服务人员产生了信任。

如果客户服务人员骗了他一次，以后他决不会再来购买，再好的产品也无济于事，因为他觉得客户服务人员不值得信任。

2.话语亲切、自然

客户服务人员对这类客户说话时要亲切，尽量消除他们的害羞感，以使交易顺利开展。只要能说上话，交易就会十拿九稳，他们绝不会拒绝。

这类客户提反对意见常常谨慎小心，担心伤害别人的自尊心。

忠厚老实型客户的心理表现如下。

（1）腼腆，害羞。这类客户对于交易有一种防御的本能，通常会犹豫不决，没有主见，但也不会加以拒绝。

（2）多疑。一般客户服务人员很难取得这类客户的信任，但他们一旦信任客户服务人员，就会把一切都交给客户服务人员。这类客户特别忠厚，客户服务人员怎样对他们，他们也会怎样对客户服务人员，有时甚至会更好。这类客户一般不会开口拒绝别人，但他们做决定时相当谨慎。

总之，对待忠厚老实型客户时，客户服务人员要尽量亲切一些，不要欺骗他们，这样容易赢得他们的信任和好感。

关键点提示

为忠厚老实型的客户提供服务的技巧：

1.真诚热情；

2.话语亲切、自然。

第4章

客户沟通常见问题

有效沟通是客户服务能力的重要体现。在沟通中，客户服务人员不但能够精准地将企业产品或服务信息等传达给客户，还能明确获取客户的真实需求，这两方面信息的高效传递是有效沟通的主要特征。

4.1　如何与不同类型的客户进行有效沟通

工作场景描述

当想要与不同类型的客户进行有效沟通时，可查看。

解读与分析

客户服务人员要想与不同类型的客户进行有效的沟通，需要掌握一定的方法和技巧。

根据客户听别人说话时注意力的集中程度，客户分为漫听型、浅听型、技术型、积极型这四种类型。

1.漫听型——导入对方感兴趣的话题

漫听，就是听别人说话时漫不经心，注意力不集中。客户服务人员在努力地陈述自己的观点，而他们很难保持专注。他们眼神飘忽，思想开小差，经常打断别人的话，总觉得应该由自己来下结论。

对待漫听型客户，客户服务人员应不时地与他们保持目光接触，使他们专注于和客户服务人员之间的谈话，并不断向他们提一些问题，讲一些他们感兴趣的话题，强迫他们集中注意力。

2.浅听型——简明扼要阐述自己的观点

浅听，就是听别人说话时只停留在表面，不能深入问题的实质。这类客户常常揣摩别人接下去要说什么，很容易受到干扰，甚至会有意寻找外在干扰。他们喜欢断章取义，而不想听别人的完整表述。

对浅听型客户，客户服务人员应简明扼要地表述，清楚地阐述自己的观点和想法，不要长篇大论，以免客户心烦。

3.技术型——提供事实和统计数据

这类客户会很努力地去听客户服务人员说话，他们只根据客户服务人员说话的内容进行判断，完全忽视说话人的语气、体态和面部表情。他们较多关注内容，而较少顾及感受。对技术型客户，客户服务人员应尽量多地提供事实和统计数据，据此提出自己的观点，并让他们积极反馈。

4.积极型——多互动、反馈

这类客户积极倾听，着重领会客户服务人员说话的要点，注重思想和感受，既听言辞，也听言外之意。

对积极型客户，客户服务人员应注意选择他们感兴趣的话题，运用语言表达技巧，多互动、多反馈。

根据客户的工作方式和处事风格，客户分为支配型、分析型、和蔼型、表达型四种类型。

1.支配型——快速步入正题

支配型的人办事严肃认真、有条不紊，他们在做决定之前会收集大量的资料。这类客户很少有面部表情，动作缓慢，语调单一，注重使用精确的语言，注意特殊细节。

对待这种类型的客户，客户服务人员要做到：直接进行目光交流，说话节奏快，尽快步入正题；守时，不要拖沓；言语清晰、准确、简洁；避免过多的解释、闲聊；有条理，准备充分；注意力集中于将要产生的结果。

2.分析型——说话要正式

分析型的客户往往注重事实、细节和逻辑，强调问题的合理性、客观性。对此，客户服务人员要与客户有目光接触，但偶尔也要转移目光；语速适中，声音柔和；避免使用生硬的语气和言语；向他们征求建议和意见；不要在逻辑上反对他们的想法；鼓励他们讲出任何疑惑或担心；避免给他们施加过大的压力来让他们做出决定；在目标、行动计划和完成日期方面彼此达成一致。

3.表达型——给予充分的表达时间

表达型的客户具有率直、热情、友好、活泼、外向、合群及幽默等特点。对待这类客户，客户服务人员应给予他们充分的时间让他们表现自己。由于他们讲话富有表情，在同他们讲话时客户服务人员也要富有表情。客户服务人员的声调应该显示出友好、热情、精力充沛、有说服力。

4.和蔼型——建立亲密的个人关系

和蔼型的客户具有易合作、友好、有耐心等特点。他们一般不太自信，但善于表达情感，对人友好且富有同情心。客户服务人员跟这类客户沟通时要放慢语速，以友好、亲近的方式沟通。向他们提供个人帮助，建立彼此之间的信任关系。

总之，客户服务人员与客户沟通时要力求顺应对方的特点，选择有共同语言的话题，这样彼此间的冷漠就会渐渐地消退，从而逐渐亲密起来。

关键点提示

与不同类型客户沟通的技巧如下：

1.漫听型：导入对方感兴趣的话题；

2.浅听型：简明扼要阐述自己的观点；

3.技术型：提供事实和统计数据；

4.积极型：多互动、反馈；

5.支配型：快速步入正题；

6.分析型：说话要正式；

7.表达型：给予充分的表达时间；

8.和蔼型：建立亲密的个人关系。

4.2　如何对客户的需求和感受进行有效的回应

工作场景描述

当想要获得更多的客户信息和客户支持时，可查看。

解读与分析

客户服务人员在与客户进行交流的过程中，应该随时做出回应，这样客户会感受到对他们的重视，他们提出的问题正在得到解决，他们的满意度会因此提高。以下介绍几种基本的回应技巧。

1.认真倾听，适当提问

客户服务人员在收集客户信息的过程中，倾听是最重要的一个环节，对彼此间信任的建立十分重要。客户服务人员在倾听过程中要记住对方所说的内容，同时要注意自己的身体语言，保持与对方的目光交流。提问时，客户服务人员要注意自己的语调，不要让客户感觉被审问或者怀疑。

2.对客户所说的内容做出回应

客户服务人员在认真倾听客户谈话之后，要对客户所说的内容加以简单复述，将注意力集中在正在表述的主要事件上面，并进行反馈。

3.说出自己的理解

客户服务人员要把注意力转到对方话外的感受上，通过语言、语调及肢体语言表达出对客户感受的理解。

客户服务人员可以用以下的词句来回应客户所说的内容。

（1）据我观察……

（2）我觉得……

（3）我感觉到……

（4）我认为……

（5）您的意思是说……

（6）您当时一定觉得很……

（7）您现在的感觉是……

4.站在客户的角度考虑

即使不同意客户的观点，也要站在客户的角度，为客户着想。

5.鼓励客户进一步表露观点

当客户告诉客户服务人员一个事实或观点时，应鼓励客户说出更多的内容。这也是一种回应的方法。

6.提供满足客户要求的产品或服务

客户服务人员了解到客户的需求以后，要尽量提供客户要求的产品或服务。当不能按照客户的要求去做时，应告诉他们可能做到的、最能满足他们需求的事情是什么。

企业对客户的需求和感受一定要及时地回应，否则，就会失去客户。失去的客户如果企业想要再争取回来，实在是一件很困难的事情，所以及时地回应客户的需求与感受，实际上是在为企业创造利润。

关键点提示

回应客户需求与感受的方法有：

1.认真倾听，适当提问；

2.对客户所说的内容做出回应；

3.说出自己的理解；

4.站在客户的角度考虑；

5.鼓励客户进一步表露观点；

6.提供满足客户要求的产品或服务。

4.3　如何巧妙拒绝客户的不合理要求

工作场景描述

当想巧妙拒绝客户的不合理要求时，可查看。

解读与分析

客户提出过分的要求或者客户服务人员满足不了客户所提要求时，客户服务人员应该予以拒绝。拒绝别人的请求，否定对方的意见时，需要一定的技巧。

1.用肯定的口气拒绝

在肯定对方观点和意见的基础上，拒绝对方，例如“好主意，不过恐怕我们一时还不能实行”。用肯定的口气拒绝，可以避免伤害对方的感情。

2.用恭维的口气拒绝

拒绝前可先恭维对方，例如有人应邀参加宴会，但不想去，或者去不了，可以婉转地说：“承蒙邀请，我很高兴。可惜我工作实在太忙，无法分身，您的美意我只能心领了。”这样就不会让对方觉得不快，也不会伤他的自尊。

3.用商量的口气拒绝

如果某人被邀请参加宴会，而偏偏有事，无法接受邀请，可以这样说：“太对不起了，我今天实在太忙了，改天行吗？”这句话要比直接拒绝好得多。

4.用同情的口气拒绝

最难拒绝的人是那些值得同情的人，若必须拒绝，用同情的口气，效果可能会好一些。

5.用委婉的口气拒绝

拒绝客户时不要咄咄逼人，有时可以采用委婉的语气拒绝，这样不会使双方都感到尴尬。

总之，对客户不合理的要求予以拒绝实际上是对客户负责的体现，因为企业不可能长期为客户提供额外、不合理的服务。企业应该把有限的资源和精力放在应做的事情上。

关键点提示

拒绝客户有很多种方式：

1.用肯定的口气拒绝；

2.用恭维的口气拒绝；

3.用商量的口气拒绝；

4.用同情的口气拒绝；

5.用委婉的口气拒绝。

4.4　如何掌握有效的沟通语言

工作场景描述

当想要跟客户产生有效的沟通效果时，可查看。

解读与分析

客户服务人员的语言是否热情、礼貌、准确、得体，直接影响到客户的购买行为，并影响客户对企业的印象。一个具备客户服务管理知识的客户服务人员的话语，应具备以下特点。

1.语言有逻辑性，层次清楚，表达明确

语言包括书面语言和口头语言，两者都需要礼貌简洁。有效的口头表达是声音素质和其他个人素质综合作用的结果。一个人的声音素质——发音的音调、音量等，语言的速度、停顿及语调，都会影响沟通的效果。

要想清晰地表达自己的想法，语言必须简洁、有条理，使用的词汇要准确，做到逻辑合理和表达清晰。

2.突出重点和要点

谈话要突出重点和要点，尽量做到以极少的文字传递大量的信息，因为每一个人的时间都是有价值的，没有人喜欢浪费时间。当然，简洁并不意味着只能使用短句或省略重要的信息，而是指字字有用、句句有内容。

3.真实、准确

客户服务人员在与客户沟通时，不应夸大其词，不要做虚假宣传。即使客户只发现客户服务人员一个错误，客户服务人员有时也会因此陷入困境。

4.说话文明

在客户服务工作中，不要侮辱、挖苦、讽刺客户，不要使用粗俗的语言，不要与客户发生争论。客户服务人员在与客户沟通时，心中始终要记得以职责为先，杜绝一切无关的争辩。

5.话语因人而异

话语要因时间、地点、人物的不同而有所不同。客户服务人员应做到“到什么山唱什么歌，见什么人说什么话”。

6.调整自己的音量和讲话速度

声音在沟通过程中起着不可忽视的作用。客户服务人员在与客户沟通时，要控制自己的声音，吐字清晰，音量适中。

客户服务人员的话语应该：避免使用命令式，多用请求式；少用否定句，多用肯定句；言辞生动，语气委婉；要配合适当的表情和动作。

此外，客户服务人员还要注意讲话的速度，讲话速度对客户服务人员想要传达的信息也会有影响。快速讲话会给客户一种紧迫感，有时是需要这种效果的，但如果一直快速讲话，会使客户注意力转移，难以理解客户服务人员的话；反之，客户服务人员也不能讲得太慢，这会使客户不知所云，或者使客户因厌倦而抓不住讲话的思路。好的客户服务人员会根据所说语句的相对重要性来变换速度，即不重要的话语说得快，而重要的话语说得慢。

总之，在与客户沟通时，客户服务人员要掌握和控制好自己的语言，避免使客户产生虚假、不真实的感觉。

关键点提示

为达到有效的沟通，客户服务人员应做到：

1.语言有逻辑性，层次清楚，表达明确；

2.突出重点和要点；

3.真实、准确；

4.说话文明；

5.话语因人而异；

6.调整自己的音量和讲话速度。

4.5　如何适当运用身体语言

工作场景描述

当想要知道如何运用身体语言以有效与客户沟通时，可查看。

解读与分析

当与客户进行面对面的沟通时，身体语言更能够表露出内心的感觉和想法。为表现出对客户的热情、友好、尊重和坦诚，更加有效地与客户进行沟通，客户服务人员应注意采用下列积极的身体语言。

①面部表情平静、专注、真诚，以向客户表明客户服务人员很在意他们。

②面对客户，保持目光交流。不注视客户会降低客户对客户服务人员的信任感。

③真诚微笑是最恰当的表情。客户服务人员真诚的微笑，可以消除客户的陌生感、疲劳感和紧张感，进而产生心理上的安全感、亲热感和愉悦感。微笑是客户服务人员的基本功之一。这种笑不能勉强敷衍，不能机械呆板，更不能皮笑肉不笑，要发自内心，自然而坦诚。

④要站如松，坐如钟，保持一种无威胁的、不设防的身体姿势，以表明客户服务人员对客户很专心。

⑤与客户间保持一段彼此感觉安全、舒服自在的空间距离。

适当的身体语言在沟通中能起到意想不到的作用，客户服务人员在实践中应加强这方面的训练和应用。

下面举例说明几种身体动作的含义。

①双手抱在胸前——封闭，怀疑，拒绝。

②说话时手指放在嘴上——缺乏解决问题的信心。

③背靠或斜靠在物体上——不感兴趣。

④避开眼神接触——否定，不在意对方的讲话，不想接触。

关键点提示

身体语言的要求是：

1.面部表情平静、专注、真诚；

2.保持目光交流；

3.保持真诚微笑；

4.注意身体姿势；

5.保持适度的空间距离。

4.6 怎样挽救在服务中出现的差错

工作场景描述

当需要挽救在服务中出现的差错时，可查看。

解读与分析

服务补救是指服务性企业在对客户提供服务出现失败和错误的情况下，对客户的不满和抱怨当即做出的补救，目的是通过这种补救，重新赢得客户满意和忠诚。在提供服务的过程中，即使是最优秀的企业，也不可避免地会出现服务上的失败和错误。一旦服务出现差错，客户服务人员必须尽快弥补过错，消除客户的不满。这里有几个办法可供参考。

1.真诚地道歉

服务出现差错后，不管是多么微小的错误，客户服务人员都必须真诚地向客户道歉。真诚道歉不只是认错，更要承认自己的言行破坏了彼此的关系，而这种关系对彼此都很重要，所以希望重归于好。

真诚道歉不仅可以修补破裂的关系，而且可以增进感情。客户能够原谅客户服务人员的错误，自然便消除了心中的怨恨情绪。在客户服务人员道歉的时候，可能会出现对方不原谅的情况，碰到这种情况不要气馁，态度要诚恳，持之以恒，对方一定会被你的真诚所打动。另外，客户服务人员也要多从自己身上找原因，是不是道歉的方式、场合不恰当造成的。

一旦决定道歉，客户服务人员要尽快采取行动，做出道歉决定的时间越长，越不容易得到原谅。

2.迅速纠正错误

一旦发现服务失误，客户服务人员必须在失误发生的同时迅速纠正错误。否则，没有得到妥善处理的服务失误会很快扩大并升级。在某些情形下，客户服务人员需要对可能会出现的问题有预见性，并及时采取预防措施。一项调查显示：如果客户的需求得不到应有的满足，他会把这种不满告诉身边9~16个人；相反，如果客户的需求得到了满足，他只愿把这种满足告诉身边4~5个人。

3.授予客户服务人员解决问题的权力

客户服务人员需要掌握服务补救的技巧并具备随机应变的能力，包括认真倾听客户抱怨，确定解决办法，灵活变通等。客户服务人员必须被授予使用补救技巧的有限权力，以便在一定的范围内解决各种意外情况。客户服务人员不应因采取补救行动而受到处罚。相反，企业应鼓励客户服务人员大胆使用服务补救的权力。

4.防止将来再出错

服务补救不只是错误纠正、增强与客户间联系的良机，还是一种极有价值、能够帮助企业提高服务质量的信息资源。通过对服务补救整个过程的跟踪，管理者可以发现服务系统中一系列亟待解决的问题，并及时优化、加强服务系统中的某个环节，进而使“服务补救”现象不再发生。

总之，服务补救是对服务失败进行的一种弥补，它通过向客户真诚道歉，并给予客户相应的补偿等措施，最终重新赢得即将失去和已失去客户的信任和忠诚，为企业挽回重大的损失。

关键点提示

服务补救的措施有：

1.真诚地道歉；

2.迅速纠正错误；

3.授予客户服务人员解决问题的权力；

4.防止将来再出错。

4.7 如何利用电话进行沟通

工作场景描述

当想通过电话与客户进行很好的交流时，可查看。

解读与分析

电话是企业与客户联系的一种重要媒介，服务性企业越来越重视电话沟通。因此，客户服务人员掌握适当的电话沟通技巧非常重要。

1.礼貌而专业地接听电话

客户服务人员接电话之前要做好充分准备；一般电话铃响两声或三声后就应该接听，不要让对方等很长时间；接通电话后，要先自报企业名称和自己的姓名等，确认对方要找的是不是本企业和对方身份后，再谈正事；接电话时应热情，要控制语调，不要过高、过重、过低；态度应和蔼可亲；要措辞得当，不要拖泥带水；要适当地附和，表明在认真倾听对方说话；要避免使用口头禅。

2.不要让对方等待

一般情况下，不要让对方等待，在对方没有结束谈话之前不要把电话挂断。如果确实有必要挂掉电话，客户服务人员应告诉对方大约需要等待的时间，之后，一定记得感谢他的等待。如果客户服务人员正在做其他事情，无法给客户办理业务，可以告诉他正在办理业务，让他稍候，同时记下他的资料，并告诉他何时再给他回复。

3.恰当转接电话

有时，客户可能一时找不到他要找的人，需要帮他转接电话。在转接电话之前，客户服务人员应对客户做些解释，告知电话转去的部门名称，要找的人的姓名、头衔。如果客户服务人员不知道应将电话转给谁，就让打电话的人稍等，等查清楚后再把信息传达给他。

客户服务人员接电话时要镇定自若，对方说完前不要打岔。等对方说完后，再就自己有疑问的地方进行提问。

4.做好电话记录

必要的时候客户服务人员应做电话记录，以便准确地向客户提供他所需要的服务。电话记录的内容包括对方的基本信息、应采取的行动、来电话的时间，以及对该客户的大体印象，如对方是否着急、紧张等。做好电话记录可以在回电话时显得更有人情味。

5.控制通话时间

电话沟通的一个普遍问题是时间不好掌握，太长会浪费大家的时间，也容易给对方造成不好的印象。因此，电话交谈时要开门见山，要尽可能快，这样可为自己和别人节约时间。如没有特殊原因，通话时间最好控制在10分钟以内。

如果客户服务人员不知道该如何控制通话时间，可以准备一份电话提纲，包括通话目的、观点、理由、可能出现的异议及结果等，这样在通话的时候就不会不着边际地闲聊了。

6.挂断电话前向客户致谢

电话交流要亲切和谐，把该讲清楚的问题很快讲完，同时要确认客户已经明白自己的意思。客户服务人员在挂断电话之前要向客户致谢。

关键点提示

电话沟通时必须做到：

1.礼貌而专业地接听电话；

2.不要让对方等待；

3.恰当转接电话；

4.做好电话记录；

5.控制通话时间；

6.挂断电话前向客户致谢。

4.8 如何化投诉为商机

工作场景描述

当想要将投诉变为新的商机时，可查看。

解读与分析

客户服务工作中应该力争做到服务无差错，但人非圣贤，孰能无过？关键是怎样接受和处理客户的投诉。

1.向客户致谢

成功的企业都明白，客户的投诉能够帮助企业避免同样的投诉发生，进而提高服务质量。不论投诉是关于客户买了不满意的货品，遇到恶劣的服务，还是服务不到位，妥善处理客户投诉，都可以得到回报。因此，客户服务人员要非常感谢客户带来的机会。客户服务人员的谢意会部分消解客户心中的怒气，而对问题的处理可让客户知道客户服务人员对他们的重视，他们很可能将来会复购。

2.聆听问题

客户服务人员让客户充分地说明他的问题，站在客户的角度来倾听，不要打断对方，要明确了解对方的谈话内容，不要贸然做出承诺或说明。记住，不论客户如何愤怒地前来投诉，都是在为企业提供改善的机会。

3.真诚道歉

当一位客户来投诉时，客户服务人员要尽力把双方的关系向积极的方向引领，应毫不迟疑地向客户致歉，对于客户的不快，要诚恳地表示遗憾。

有时候，客户服务人员的认同可以马上使客户心情平复下来，这是客户服务人员重建客户信心和忠诚所必需的。要想做到这点，客户服务人员处理客户投诉时，必须十分热情。

处理客户投诉的五个要诀如下。

（1）了解多一点。

（2）态度好一点。

（3）动作快一点。

（4）补偿多一点。

（5）层次高一点。

4.询问详细情况

聆听客户的问题之后，如果客户服务人员仍然觉得未能获知所有重要详情，就要多收集一些资料，尝试去了解发生了什么事，什么时候发生的，发生在谁身上，引导客户多说些缘由。

5.寻找解决客户问题的办法

感谢客户、用心聆听、真诚道歉及发问并不足以平息客户心中的愤怒，客户服务人员还必须用行动解决问题。

很多时候，最好的做法是问客户想怎样解决问题。这不只是出于礼貌，更是向客户下保证的最强有力的方式——保证客户服务人员是在为他服务，而不是与他争吵。

寻找客户问题的解决办法前，先要评估问题的严重性、自身对问题的了解程度、投诉者除了经济补偿外的其他诉求。

对于没有额外要求的客户，客户服务人员可以思考：有没有可供解决的方法？有没有权力去执行最佳的解决方法？是否需要得到上一级的批准？

6.解决问题

了解客户的问题之后，最后一步是解决客户的问题。客户会不会带着对客户服务人员和企业的好印象离开，关键在于客户服务人员的服务能否使他满意。

一般情况下，客户服务人员应按照双方约定的条件解决好客户的问题，有些当场解决了的投诉，也需要做一些跟进。如果事情给客户造成很大的困扰和不便，客户服务人员可能需要事后给客户寄一张便笺或者打个电话，确认客户是否认为问题已经解决。

不论解决方法是什么，要记住：面对来购物和来投诉的客户，服务的原则是一样的。解决一宗投诉，不是为了消除麻烦，而是采取行动去留住每一位有价值的客户，增加他对企业的信心，创造新的商机。

关键点提示

化投诉为商机的技巧有：

1.向客户致谢；

2.聆听问题；

3.真诚道歉；

4.询问详细情况；

5.寻找解决客户问题的办法；

6.解决问题。

第5章

电子商务的客户服务常见问题

互联网支撑起来的电子商务平台，已经成为企业和客户交流及为客户服务的新通道。要想建立一套符合企业自身特点的电子商务管理体系，将网络平台与企业发展有机结合，企业需要不断积累经验，提升自身工作水平。

5.1　如何构建个性化的电子商务体系

工作场景描述

当要构建个性化的电子商务体系时，可查看。

解读与分析

电子商务是指以计算机网络为依托进行的各种商务活动，是用信息产品（如硬件、软件），把卖家、买家和合作伙伴通过网络平台、Intranet、Extranet连接在一起所从事的商务活动。

企业制订自己的电子商务总体规划时，不应该盲目地跟随别的企业，而是要全盘考虑、统筹规划。企业构建个性化电子商务体系的步骤一般如下。

1.了解互联网

构建个性化电子商务体系，企业应从了解互联网开始。企业对互联网发展有一定认识并开展初步的网络营销活动之后，才会产生构建个性化电子商务体系的需求。

2.购买针对性的咨询服务，寻求切入点

电子商务平台包括很多内容，其中主要涉及内部管理、税收管理、供应链管理和客户关系管理等。

企业在构建个性化电子商务体系之前，要做大量准备工作。企业必须聘请专业咨询企业进行业务咨询，在咨询企业的帮助下，从企业的经营模式、管理现状、竞争分析、风险规避和业务流程设计等方面入手，寻找企业构建个性化电子商务平台的切入点。

3.选择电子商务解决方案

在电子商务专家的帮助下，企业要选择满足自己个性化需求的电子商务解决方案，并设计最优的、全面的电子商务构架。总体来说，企业要求电子商务解决方案具有非常强大的功能，不仅能够支持企业的个性化业务，而且能自由组建和搭配（即模块具有可拆装性），从而最大限度地满足个性化需求。

4.实施电子商务解决方案

确定电子商务解决方案以后，企业就要付诸实施了。电子商务解决方案的实施也是相当重要的。它要满足企业业务发展的需求，为企业培养技术人才队伍，使企业在提升管理水平的同时获得技术实力的提升，以此避免软件升级与业务发展给企业带来风险。

企业如果按照上述过程来构建符合自身个性化需求的电子商务体系，该体系将会在有效规避风险的同时充分发挥电子商务的作用，为企业带来实质性的利益回报。

关键点提示

企业构建个性化电子商务体系的步骤如下：

1.了解互联网；

2.购买针对性的咨询服务，寻求切入点；

3.选择电子商务解决方案；

4.实施电子商务解决方案。

5.2 电子商务时代如何以客户价值为中心

工作场景描述

当需要转变经营思想，围绕客户价值开展电子商务活动时，可查看。

解读与分析

在电子商务时代，企业能否清楚地了解客户的期望并满足其需求是取得成功的关键。围绕客户价值这个中心建立客户忠诚可以参照以下做法。

1.为客户提供准确的信息

网络是一个虚拟空间，在这个空间里，企业与客户无须面对面地进行交流、沟通，便捷的网络使双方远距离交流成为可能。利用网络，客户服务人员只需一部电话和一台电脑便可轻松地进行在线销售，客户也可以根据自己的喜好在网上购买自己需要的物品。

然而，在这个虚拟的空间里，企业同样应该为客户提供充分的选择空间和准确的信息，以方便客户购买。对于提供复杂产品的企业，应该为客户提供满足客户需要、易于比较的信息。

2.与客户进行有效的交流

网上交流是电子商务时代一种比较快捷的交流方式。除了这种方式之外，企业还应该为客户提供多种交流渠道，例如电话、面谈、邮件等等，让客户在任何时间、任何地点都可以与企业保持联系，充分地表达需求信息。

3.真正解决客户的问题

与传统的客户服务管理一样，电子商务时代的客户服务管理中，企业也应该以客户价值为中心，真正为客户着想，牢记“客户至上”的理念，立即回应客户的问题、抱怨和反馈，让客户能够非常容易地买到企业的产品，并且可以通过多种方式付款。

4.保护所有客户交易的隐私和安全

网上交易时，客户最为担忧的可能是隐私被泄露和交易的安全性得不到保障，企业必须尊重客户的隐私权，并保证交易安全。

5.比竞争对手更加聪明，更有进取心和前瞻性

企业要想吸引网上客户的目光、获得客户的忠诚，必须比竞争对手更加聪明、更有进取心和前瞻性。

6.实现对客户的承诺

企业要履行对客户的承诺，不能对客户夸大其词而又无法兑现，同时要为客户的抱怨和遇到的问题提供完善的解决方案。

总之，只有以上各点均能实现，才能真正体现电子商务时代以客户价值为中心的理念。

关键点提示

电子商务时代以客户价值为中心主要体现在：

1.为客户提供准确的信息；

2.与客户进行有效的交流；

3.真正解决客户的问题；

4.保护所有客户交易的隐私和安全；

5.比竞争对手更加聪明，更有进取心和前瞻性；

6.实现对客户的承诺。

5.3 电子商务企业如何为客户提供服务

工作场景描述

当需要在网络平台上为客户提供服务时，可查看。

解读与分析

电子商务企业在网络平台上提供的客户服务有多种形式。一般来说，电子商务企业应从以下几个方面入手为客户提供服务。

1.回答客户的询问

在购物阶段，让客户打开感兴趣的内容并快速获得详细信息与下单购买同样重要。为了留住老客户和吸引新客户，企业在建设网络平台时应充分考虑如何让客户方便快捷地获得所需信息。

2.提供搜索引擎和可比较的信息

电子商务活动中的一个主要问题是帮助客户找到想要的产品。面对成千上万的网上店铺，客户有时候根本不知道该到哪里去寻找自己想要的产品，而客户一旦发现了所需要的产品，则通常希望比较一下同类产品的价格，所以电子商务时代客户服务的一项重要工作是为客户提供搜索引擎，以满足这种要求。

3.提供技术信息等

为了吸引消费者在网上购物，电子商务企业花费了不少的精力，售后服务工作对于提高客户满意度来说，是不可或缺的。为此许多企业在自己的网络平台上为客户提供了产品的详细技术信息等，而许多技术信息在线下寻找是很困难的。

4.帮助客户了解账户和订单状态

客户要能够方便快捷地查找到自己的账户和订单状态，如果客户这一要求不能得到满足，就容易对企业的服务可信度产生怀疑。

5.允许客户在线定制

客户有很多个性化需求，因此，企业应允许客户在线定制。客户可以定制专属产品，以充分体现自己的意志，还可以决定送货的日期等。

企业在线服务的内容很多，最主要的是要以客户为中心，最大限度地满足客户的个性化需求。

关键点提示

网上服务的内容主要有：

1.回答客户的询问；

2.提供搜索引擎和可比较的信息；

3.提供技术信息等；

4.帮助客户了解账户和订单状态；

5.允许客户在线定制。